김준성의 건축 강의

개념에서 건축으로

김준성의 건축 강의

개념에서 건축으로

미메시스

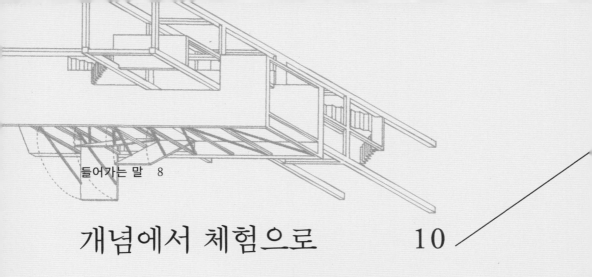

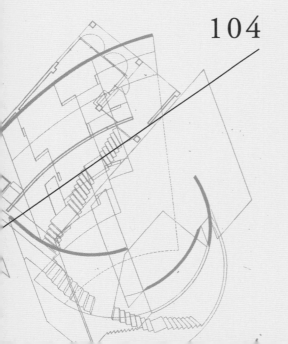

밖에서 시작되는 풍경　196

314　그리기와 만들기

들어가는 말

해외에서 오랜 건축 수업을 받던 중 불쑥 서울에 들어온 지 벌써 25년이 넘었습니다. 건축가는 항상 마감에 쫓기는 삶을 살잖아요. 그래서 25년이라는 시간도 돌이켜 볼 겨를도 없이 훌쩍 지난 것처럼 느껴집니다. 몇 년 전부터 열린책들의 홍지웅 대표가 건축가들의 책을 시리즈로 출판하고 싶어 했어요. 건축가와 건축주로서 같이 일을 많이 하다 보니 제일 편한 사이인 제게 먼저 제안을 했는데, 그런 이야기를 들은 지도 4년 가까이 됩니다. 그런데 아무리 시간이 지나도 책을 낼 엄두가 도저히 나지 않더라고요. 지금껏 해온 것들을 정리하는 것조차 어려웠습니다. 그러다가 홍 대표가 몇 달 전에 좋은 제안을 했어요. 〈언제까지 기다릴 수만은 없으니 우선 강의를 해라. 그 강의를 정리해서 책으로 내자.〉 덕분에 이런 특별한 강의의 기회가 왔습니다. 그때부터 사무실에서 옛날 자료를 들춰 내기 시작했어요. 잊고 있던 흔적을 10~20년이 지난 다음에야 대면하게 되니 더없이 즐거운 것은 물론이고, 처음 건축을 시작했을 때의 제 모습을 떠올림과 동시에 한국에 돌아와서 20여 년이 지난 현재의 내 자신을 되돌아보는 계기가 됩니다.

1 개념에서 체험으로

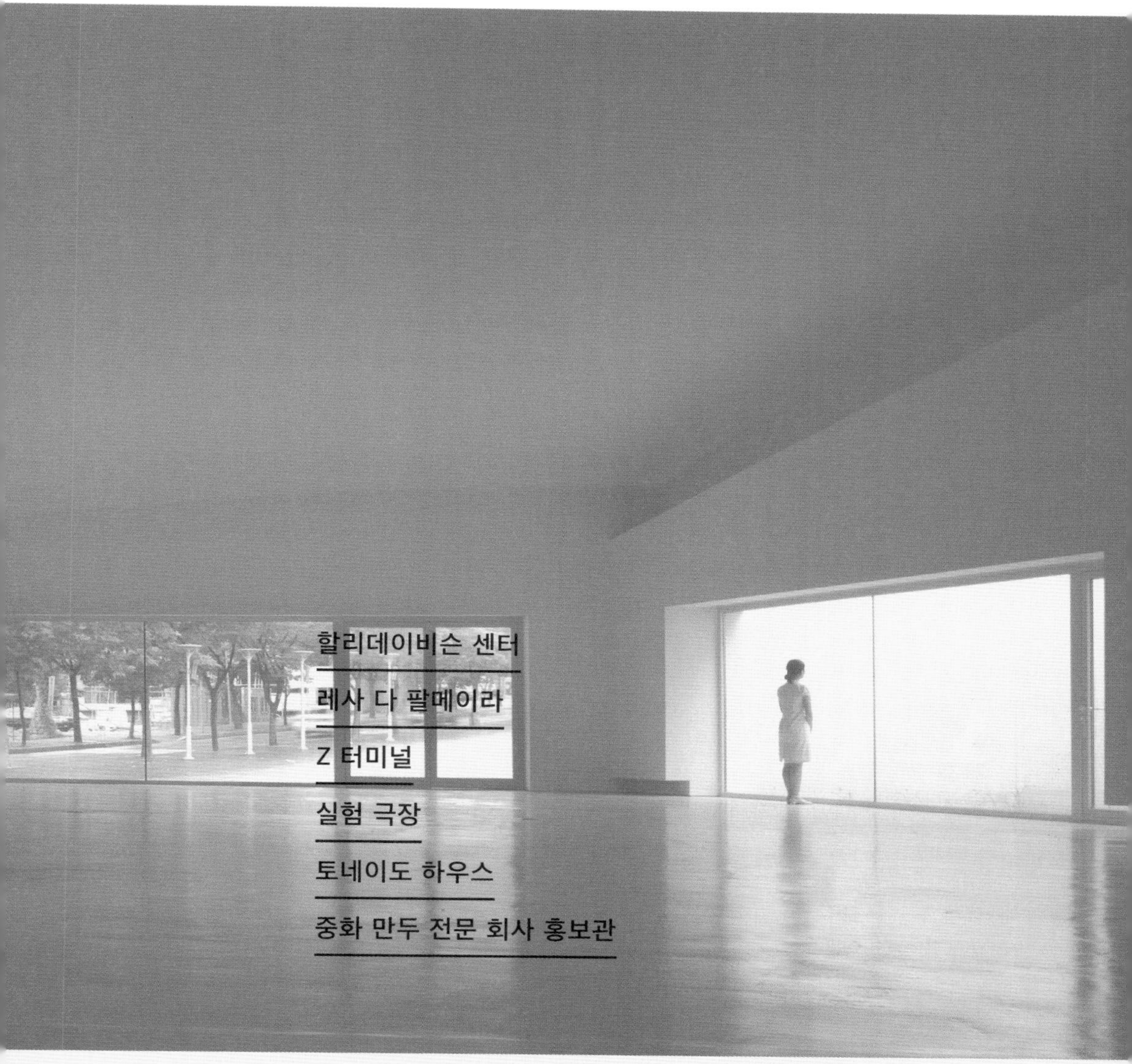

할리데이비슨 센터

레사 다 팔메이라

Z 터미널

실험 극장

토네이도 하우스

중화 만두 전문 회사 홍보관

첫 번째 강의 제목은 〈개념에서 체험으로〉입니다. 개념에서 체험으로 무게 중심이 옮겨 갔다는 것입니다.

건축가로 살면서 가장 많이 들었던 말이 〈감성적이다〉이고 그다음이 〈잘 만든다〉였어요. 〈감성〉이라는 말은 이성과 반대되는 개념입니다. 〈잘 만든다〉는 건 〈손으로 직접 만든다는 것〉 또는 〈건물이 지어지는 과정〉 등 여러 가지를 생각할 수 있지만, 어떤 의미에서는 〈경험〉에 가까운 단어인 것 같습니다.

『그리스인 조르바Zorba the Greek』를 쓴 니코스 카잔차키스Nikos Kazantzakis라는 그리스 작가가 있습니다. 그분이 30세가 되기 이전인 1920년대쯤 일본과 중국을 다녀온 후 쓴 여행기가 있어요. 자신의 문화에 대한 자부심이 왕성하던 20대의 그 유럽인이 20세기 초에 동양 사상에 빠지게 됩니다. 불교 문화, 사회주의에 빠지며 내적 갈등을 겪다가 자기만의 해답을 찾고자 떠난 여행이었죠. 글 초반에 이런 내용의 대목이 나옵니다. 〈내 안의 어떤 관념의 열매를 따먹기 위해서 떠났는데 막상 여행을 다녀오니 기억 속에 남아 있는 건 여행 중에 사랑했던 여인을 만지기 위해서 손을 뻗었던 내 손가락의 떨림이었다.〉 관념적인 것에서 출발했지만 결국에는 굉장히 원초적인 체험의 이야기였습니다.

요즘 동년배의 건축가들끼리 만나면 〈설명할 수 없는 결정이 가장 좋은 결정인 것 같다〉는 이야기를 종종 하곤 합니다. 하지만 제가 외국에서 건축을 배울 땐 굉장히 논리적이고 설명적인 것에 집중을 했습니다. 이 첫 강의 역시 그런 것에서 출발하려고 합니다. 그리고 해왔던 작업들에 대해 이야기하고자 해요. 아직도 저한테는 해결해야 할 숙제이긴 합니다만, 건축가가 어떠한 방법으로 소통할 수 있을까를 같이 생각해 보게 될 겁니다.

제가 스승으로 모시는 두 분이 계십니다. 제게 가장 큰 영향을 주신 분들이죠. 한 분은 대학원에서부터 가르침을 받았고 졸업하고도 1년여 같이 일했던 미국의 건축가 스티븐 홀Steven Holl입니다. 또 한 분은 알바루 시자Álvaro Siza인데, 2년 여 동안 포르투갈에 있는 그의 설계 사무실에서 일했습니다.

먼저 스티븐 홀에 대해 이야기하겠습니다. 건축에 이성과 감성이 있다고 하면 이분의 건축은 이성에 그 출발점이 있지 않을까 생각합니다. 설명하는 건축, 개인의 사고에서 출발하는 건축에 대하여 가장 인상 깊게 배웠습니다. 설계 과정에서 가장 어려운 것은 콘셉트를 건축화하는 과정입니다. 우리는 상당히 어렵고 추상적이면서 일반적인 개념을 건축에 도입하려고 하잖아요. 그런 추상적 개념은 대부분 개인적 경험에서 나온 것이 아닙니다. 추상적인 것들이 멋져 보이긴 하지만, 그 개념이나 단어들이 건축으로 전환될 때 상당히 어려워요. 과정이 없이 유형적 건축으로 전환되는 경우가 많은데 그 과정에서 표현을 분명히 하고 넘어가야 하는 것들이 생략되면서 결국 어려워집니다. 스티븐 홀은 콘셉트를 건축화하는 것을 가장 분명하게 보여 준 분입니다. 방법론이 있다고 하면 저는 이분에게서 큰 영향을 받았습니다.

그분 곁에 1991년까지 있다가 서울로 오게 되었습니다. 그다음 해인 1992년도에 선생님께서는 『인식의 문제들: 건축의 현상학Questions of Perception: Phenomenology of Architecture』이라는 책을 내셨습니다. 제가 대학원을 다닐 때에도 현상학에 대해 많은 이야기를 하셨어요. 이분 스튜디오를 들르려면 현상에 대한 책을 읽어야 했습니다. 곁에서 공부도 하고 함께 일도 했지만 솔직하게는 참 고역이었어요. 스티븐 홀 사무실을 떠나 서울로 올 때까지만 해도 저에게 현상학은 여전히 물음표였습니다. 궁금하지도 않았고 머릿속에도 없었죠. 그러다가 서울에 돌아와서 3~4년이 지난 어느 때에 우연한 기회로 〈이런 것들이 현상학이지 않을까〉라는 생각을 하게 해준 책이 있었습니다. 바버라 마리아 스태포드Barbara Maria Stafford의 『보디 크리티시즘Body

Criticism』이라는 책입니다. 이 책의 서문에 여러분도 잘 알고 있는 문구가 나옵니다. 우리에게 익숙한 광고 카피이기도 했죠. 〈씨 더 언씬See the unseen〉, 안 보였던 것을 보라는 것이죠. 그렇다면 왜 안 보였을까요? 〈아, 인식의 문제구나〉 하는 생각에 도달했고 그제야 〈Questions of Perception〉이라는 말이 이해가 되었습니다. 이때부터 현상학이라는 것을 조금씩 이해를 하게 되었습니다. 우리 건축인들은 이해하는 것을 넘어 그것을 건축에 녹여 내야 합니다. 내가 알고 있었던 현상학적 접근이라는 것을 어떻게 건축에 접목할 수 있을지를 고민해야 하는데, 지금 소개할 스티븐 홀의 두 작품이 그 과정을 가장 잘 설명하고 있지 않을까 합니다.

Questions of Perception

Phenomenology of Architecture

知覚の問題―――建築の現象学

소콜로프 리트리트 Sokolov Retreat

스티븐 홀

프랑스 생트로페, 단독 주택, 1976

이 작품은 스티븐 홀이 1970년대 초반에 서머 리트리트Summer Retreat란
제목으로 설계 경기에 냈던 작품입니다. 〈리트리트〉는 재충전하다
또는 재생하다라는 뜻이니까, 쉽게 말해 여름에 쉬러 가서 재충전하고
오는 집인 거죠. 그런데 이 모형을 보세요. 우리가 보는 건축 모형과
다릅니다. 어디 가져다 놔도 손색이 없는 아름다운 조각 작품 같아요.
십자가 끝부분에 4개의 반투명의 통이 서 있는 모습입니다. 스케치를
보면 이해가 되죠. 바닷가에 있는 집이 아니라 정확히 이야기하면 해안가
가운데에 위치하며 물에 온전히 잠겨 있는 집입니다. 집의 상부로는
15센티미터 정도 바닷물이 찰랑거리고 있습니다. 보자마자 아이디어가
좋다는 생각이 들었습니다. 그런데 집에 도착하는 과정을 적어 놓은 그의
글을 보면서 단순했던 그 생각이 바뀌어요.

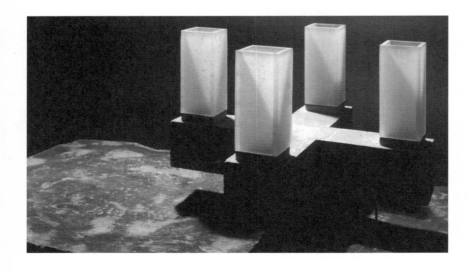

한 사람이 배를 타고 노를 저어서 자기 집으로 가고 있어요. 더운 여름 햇볕을 받으며 30분 넘게 노를 저어요. 도착해서 집으로 들어가기 전에 뭘 해야 하죠? 신발과 양말을 벗고, 바짓단을 올리고 후끈 달아오른 자신의 몸을 차가운 바닷물에 담가야겠죠. 첨벙. 바로 거기에 서머 리트리트가 있다고 적혀 있어요.

그 글을 읽는 순간 갑자기 머릿속이 환해졌어요. 〈건축을 생각하는 방법이 다르구나〉라는 걸 느꼈어요. 굉장히 정확한 경험이며 그 경험을 건축에 그대로 녹여 냈죠. 체험적 경험이 건축으로 전환되는 구체적인 과정을 보면서 〈내가 생각해 왔던 건축, 행해 왔던 디자인의 방법과 사고가 잘못되었구나〉라고 느꼈습니다.

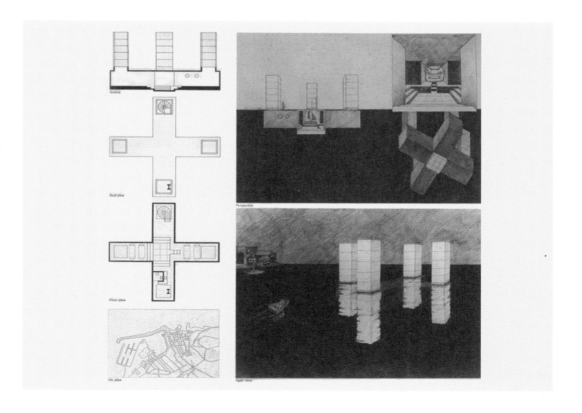

팔라초 델 치네마 Palazzo del Cinema　　　　　　스티븐 홀

이탈리아 베네치아, 문화 시설, 1990

하나의 사례를 더 소개하겠습니다. 추상적인 키워드가 미디어를 통해
어떻게 건축으로 전환되는지 그 과정을 보게 될 겁니다. 1990년에
스티븐 홀 사무실에서 했던 작품입니다. 당시 여름에 같이 일하던
아르바이트생들과 같이 만들었던 모형이에요. 장소는 베네치아 국제
영화제가 열리는 극장이고, 단일 상영관이었던 극장을 여러 작은
상영관들로 구성된 멀티플렉스 극장으로 바꾸는 계획입니다. 각 대륙에서
한 명씩 건축가를 선정한 초청 공모였습니다. 그런데 진행하던 중
베네치아에서 편지가 왔어요. 예산이 부족해서 설계 경기를 중단한다는
통보였죠. 하지만 베네치아 건축 비엔날레의 주제관에 전시할 계획이니
작품은 예정대로 제출해 달라는 요청을 함께 받았습니다. 실제로 지어질
것을 염두에 두고 시작했지만 나중엔 그해 비엔날레 전시에 더 초점을
맞추게 되었습니다.

　　　이때의 스케치들은 소콜로프 리트리트의 것들과는 사뭇
달라요. 소콜로프 리트리트는 1970년대의 것이고, 이건 1990년대의
프로젝트입니다. 가장 큰 차이라면 스티븐 홀이 이미 세계적인 건축가가
되어 있었다는 것이죠. 건축을 공부하는 학생들이 가장 알고 싶어 하는
건축가, 국제 건축계에서 가장 뜨거운 관심을 받는 건축가가 된 거죠.
그러니 연필로 세밀하게 묘사할 시간이 부족했을 겁니다. 장시간을
필요로 하는 미디어에서 보다 빠르고 효과적인 미디어로 바꿀 수밖에
없었습니다. 그래서 작은 스케치북에 수채화로 그렸습니다. 그림뿐
아니라 많은 단어들과 짧은 문장들이 함께 메모되어 있죠. 스티븐
홀이 인터뷰 중〈당신의 그 현상학적 과정으로의 건축에서 무엇이

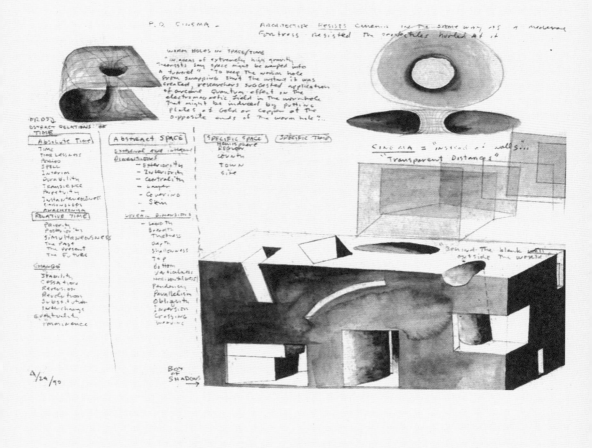

F.D. CINEMA — ARCHITECTURE RESISTS CINEMA IN THE SAME WAY AS A MEDIEVAL FORTRESS RESISTED THE PROJECTILES HURLED AT IT

WORM HOLES IN SPACE/TIME
"In areas of extremely high gravity Theorists say space might be warped into a tunnel" "To keep the worm hole from swapping shut the instant it was created, researchers suggested application of arcane quantum-effect on the electromagnetic field in the wormhole that might be induced by putting plates of gold or copper at the opposite ends of the worm hole"...

GROSS
ABSTRACT RELATIONS OF TIME

Absolute Time
TIME
TIMELESSNESS
PERIOD
SPELL
INTERIM
DURABILITY
TRANSIENCE
PERPETUITY
INSTANTANEOUSNESS
ENDLESSNESS
AWARENESS

RELATIVE TIME
Priority
Posteriority
SIMULTANEOUSNESS
The Past
The Present
The Future

CHANGE
STABILITY
CESSATION
REVERSION
Revolution
Substitution
Interchange
EVENTUALITY
IMMINENCE

ABSTRACT SPACE
EXTERNAL AND INTERNAL
DIMENSIONAL
— Exteriority
— Interiority
— Centrality
— Layer
— Covering
— Skin

VERBAL DIMENSIONS
— Length
Breadth
Thickness
Depth
Shallowness
Top
Bottom
Verticalness
Horizontalness
Pendency
Parallelism
Obliquity
Inversion
Crossing
Weaving

SPECIFIC SPACE
Hemisphere
REGION
COUNTY
TOWN
SITE

SPECIFIC TIME

CINEMA = "instead of walls..."
"Transparent Distances"

BEHIND THE BLANK WALL
OUTSIDE THE WORLD

BOX OF SHADOWS →

△/20/90

가장 중요하냐〉라는 질문을 받은 적이 있습니다. 그는 세 가지 요소를
말했는데 그것은 재료, 경험 그리고 사고였습니다. 여기서 〈사고〉라는
건 우리가 아이디어라고 쉽게 말하는 것과는 조금 다릅니다. 보통
아이디어라고 하면 순간적으로 번뜩이거나 재치 있는 것을 떠올리죠.
하지만 스티븐 홀의 〈아이디어〉는 특정한 상황에 적용시킬 〈나의 사고〉를
이야기합니다.

　　저뿐만 아니라 많은 건축인들이 개념을 건축으로 전환시키는
것이 가장 어렵다고들 합니다. 그런데 이 프로젝트는 그 과정이 너무
자연스러우면서 완벽해요. 장소는 베네치아, 프로그램은 영화예요.
스티븐 홀은 이 프로그램과 장소를 아우르는 세 가지의 다른 시간들을
키워드로 등장시킵니다. 〈절대적인 시간, 흔들리는 시간, 연장된 시간〉이
그것입니다. 스티븐 홀 자신의 어휘는 아니고 오스트리아의 철학자
비트겐슈타인Ludwig Wittgenstein의 어휘로,『비트겐슈타인의 비엔나Wittgenstein's
Viena』라는 책에서 나온 단어들입니다. 절대적인 시간은 무엇일까요.
우리가 살고 있는 일상의 시간이겠죠. 해가 뜨고 그림자가 지는 것,
그림자가 옮겨 가는 것처럼 바꿀 수 없는 자연 현상 같은 것들이죠.
그다음은 흔들리는 시간이에요. 베네치아 하면 떠오르는 것이 바로
물이죠. 물은 항상 움직이고, 그 물에 반사되는 빛도 정확하게 그 경계를
그릴 수가 없어요. 마지막으로는 연장된 시간, 그것은 프로그램인 영화와
관계를 맺습니다.

　　간단하게 공간에 물을 담고 그 안에 극장을 띄우는 안이라고
보시면 됩니다. 초기의 개념 스케치를 보면 커다란 유리병 안에 풍선
다섯 개가 담겨 있어요. 이 풍선이 각각 하나의 상영관이겠죠. 단면을
보면 경사로 이루어져 있고, 평면에서 보면 각각의 극장들은 서로
꽈배기들처럼 비틀어지며 그 사이사이에 빈틈을 두고 자리를 잡아요.
이 빈틈으로 오전에서 오후까지 변화하며 쏟아지는 자연광은 절대적인

시간입니다. 시시각각 변하는 빛은 들락거리며 출렁이는 물에 반사되어
극장의 몸체 하부에 빛의 문신을 새길 겁니다. 키득키득거리며 웃는
듯이 움직이는 반사광이 만드는 풍경이 바로 흔들리는 시간입니다. 극장
내 영상이 맺히는 스크린 뒤쪽에 조각처럼 각진 콘크리트 구조물이
보입니다. 상영 중엔 스크린이 내려와 영상이 나타나겠죠. 인터벌 시간이
되면 스크린이 감겨 올라가요. 영상이 계속 틀어져 있어 구조물 위로
연장되어 비칩니다. 조각 같은 입면 덕에 영상은 부서지고 왜곡되어 도시
속으로 확장하며 나가는 거죠. 정말 감동스럽지요? 이 프로젝트를 위한
그의 사고 속에서 나온 키워드들이 건축으로 전환되는 과정이 명료해요.
추상적인 개념이 아닌 자신의 생활 속에 스며들어 있는 것들을 잘
건축화시키는 것 같아요.

　　　모형은 나무로 만들었습니다. 그리고 그 위에 얇은 동판을 붙이고
파티나patina라는 옅은 산을 발랐어요. 동판은 초기에 누런 색인데 시간이
갈수록 짙은 밤색으로 변하다가 마지막에 초록으로 바뀌죠. 현실에서는
20~30년이 걸리는 변화를 2~3개월만에 일어날 수 있게 하는 재료이지요.
조각 작품을 만들 때 많이 쓰이고 쉽게 구할 수도 있습니다. 왜 이런
재료를 썼는지 아시겠어요? 이 모형이 뉴욕에서 배 편으로 베네치아에
도착하고 또 몇 달간 전시되겠죠. 처음에 짙은 색의 동판 상태지만 전시가

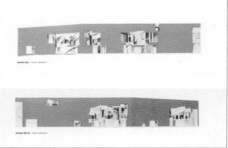

끝날 즈음엔 시간을 먹고 초록색으로 변해 있겠죠. 모형 재료마저도 건축가가 가지고 있는 개념적인 어휘와 같은 몸을 이루고 있습니다. 치밀하게 건축한다고 할 수밖에요. 수채화라는 미디어와 현상이 참 잘 어울리죠.

이 프로젝트를 하면서 충격적인 순간이 있었습니다. 설계가 어느 정도 진행이 되었을 때 구조 협력 사무실에 찾아갔어요. 당시에도 상당히 유명했던 오베 아루프Ove Arup 사무소였는데 스티븐 홀의 주요 프로젝트를 담당하고 있었죠. 직원들이 다 둘러앉아서 제가 가지고 간 도면을 봤어요. 스티븐 홀의 작업이니까 그들도 궁금해 했습니다. 기본 안을 간략히 설명한 뒤 구조적으로 어떻게 방향을 잡아야 하느냐고 물었죠. 그런데 그쪽에서는 저를 조용히 지켜보는 거예요. 오히려 무엇을 원하느냐고 말하는 눈빛이었습니다. 그때 많이 부끄러웠습니다. 건축가의 입장에서 먼저 무엇을 원하는지 전달해야 하는데 구조에 관한 것을 전적으로 해결해 달라는 자세로 갔으니 말이죠. 건축을 대하는 자세에서부터 나는 커다란 착각을 하고 있다고 스스로 생각했습니다. 그때가 여전히 생생합니다.

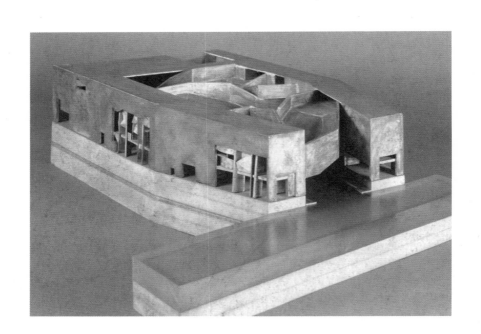

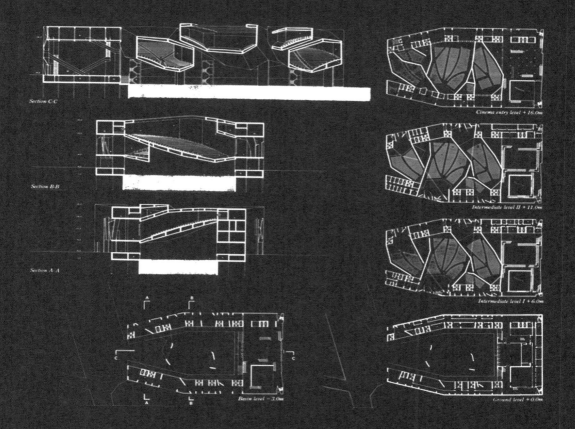

Section C-C

Section B-B

Section A-A

Cinema entry level + 16.0m

Intermediate level II + 11.0m

Intermediate level I + 6.0m

Basin level − 3.0m

Ground level + 0.0m

마크 로스코 & 에드워드 호퍼 갤러리

김준성

미국 뉴욕, 문화 시설, 1989

마크 로스코Mark Rothko와 에드워드 호퍼Edward Hopper라는 화가를 아시죠?
마크 로스코의 작품은 대부분 섬세한 색의 영역들로 이루어져 어떤
빛의 환경에서 보느냐에 따라 민감하게 달라집니다. 상황에 따라 다르게
읽히는 그림인 셈이죠. 에드워드 호퍼는 현실적이고 고독한 느낌의
미국의 일상을 그려 낸 작가인데, 그의 작품 중 유명한 「룸 인 뉴욕Room in
New York」은 보신 적이 있을 겁니다.

　　마크 로스코 & 에드워드 호퍼 갤러리는 대학원에서 한
프로젝트입니다. 당시에 저는 주제에 대해 떠오르는 모든 상상들을
이야기하듯 그리는 것으로 프로젝트를 시작했습니다. 그러고는
점차적으로 스케일이나 건축적 조건들을 적용시키며 정교한 작업들로
옮겨 가죠. 초기에 아이디어를 묘사한 그림을 보면 하나의 추상적 공간인
마크 로스코 갤러리와 다각의 소실점이 존재하는 듯한 에드워드 호퍼
갤러리가 활처럼 휘어진 벽 안과 바깥쪽에 있어요. 이때는 독일 철학자
오이겐 헤리겔Eugene Herrigel의 책 『활쏘기의 선Zen in the Art of Archery』을
읽고 반해서 활에 관련된 자료를 모으던 때였습니다. 그래서 활이
자연스레 프로젝트 안에 도입되었겠지요. 대지는 맨해튼 남서쪽으로,
바로 옆에 초등학교가 있던 곳입니다. 초등학교를 면한 담에 양궁장을
구상했습니다. 부지 안에 활처럼 휘어진 벽을 세우고 그곳에 과녁이
걸리게 했어요. 과녁의 바로 아래 지하 공간에는 로스코의 그림이 걸려
있습니다. 〈과녁〉이라는 것은 로스코의 그림을 비유적으로 표현한 것인데
과녁을 향해 활시위를 당기는 것이 로스코의 그림을 보는 법과 같다고
생각했습니다. 상상이 날아가서 그림에 꽂히는 거죠.

활처럼 휜 벽의 아래쪽 둥근
공간인 마크 로스코 갤러리와
벽 바깥쪽에 다각의 여러
방들로 조합된 지상의 호퍼
갤러리.

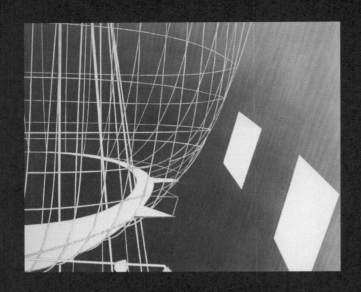

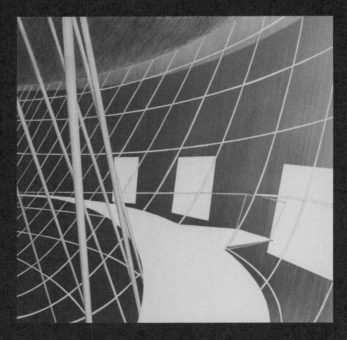

내부 투시도와 공간의
연속적인 변화를
보여 주는 단면.

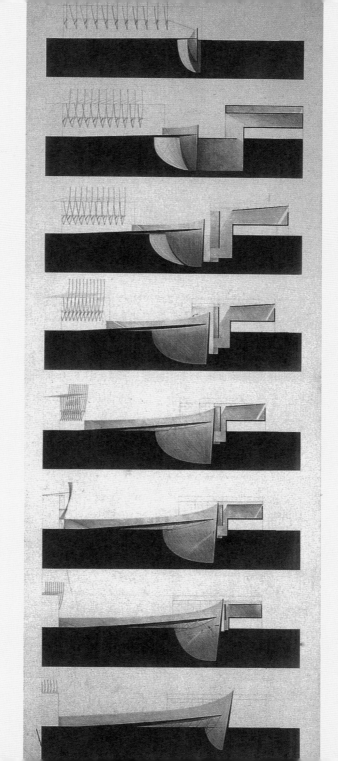

더 구체적인 스케일을 가지고 발전시키며 연속된 단면들을 그렸습니다. 시계 방향으로 공간이 변해 가는 모습이에요. 두 갤러리 간의 관계, 공간적 다름이 느껴지죠. 마크 로스코 갤러리의 지상 부분을 열어서 내부를 보여 주는 석고 모형도 만들었습니다. 스티븐 홀이 썼던 표현이나 과정에 대한 설명에 영향을 많이 받았다고 했는데, 그 영향이 많이 보이는 결과물입니다. 꼭 선생님의 학생이어서라기보다 모형은 모형대로 독립성 있게 완성도를 가져야 한다고 했기 때문에 저 역시 모형을 만들 때 동기 부여를 많이 받았어요. 석고로 된 마크 로스코 갤러리 뚜껑은 얇지만 던져도 안 깨질 정도로 내부에 철망을 넣어 강하게 만들었어요. 내부 투시도는 로스코 갤러리의 내부 공간을 느낄 수 있습니다. 무중력의 공간감을 위해 공중에 떠 있는 관람 동선과 화살의 과녁처럼 벽에 걸린 로스코의 그림, 그 위에 반사되는 자연광의 번짐 등을 묘사했습니다.

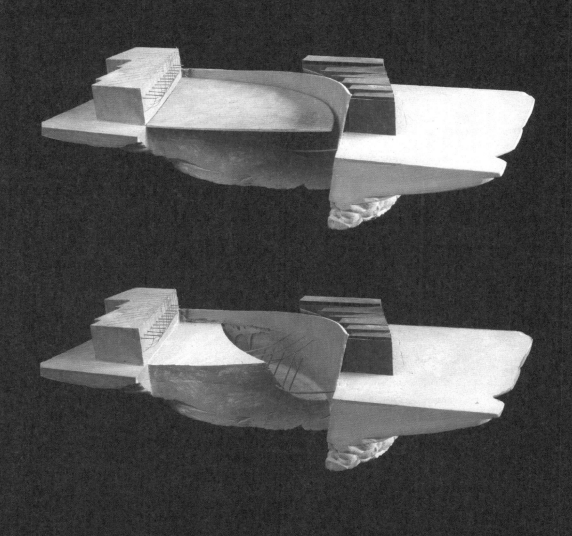

비승대 성당

김준성

대한민국 이천, 종교 시설, 1992

육군사단 내 항공부대(헬리콥터 부대)의 성당으로 〈비승〉은 다름
아닌 부대의 이름이에요. 이 프로젝트를 시작한 건 서울로 돌아온 후
첫해였습니다. 그해에 계획한 성당이 비승대 성당을 포함해 세 개가
있었습니다. 그중 하나는 홍천에 있었는데 오랜만에 돌아온 고국의 땅인
강원도 홍천에 기대가 굉장히 컸어요. 그러나 홍천으로 가는 국도의
풍경은 어느 한 곳 파헤쳐지지 않은 곳이 없었죠. 국토 전체가 아파하는
듯한 인상을 받고 서울로 돌아온 날 저녁에 사무실에 도착해서 이렇게
이야기했어요. 〈이런 식으로 하는 건축은 그만두자.〉 세상에서 제일 좋은
건축은 집 지으려는 사람들을 막는 것이라는 말이 있습니다. 저는 당시에
분노에 가득 차 있었습니다. 그 분노가 이 비승대 성당에 담겨 있어요.
파헤쳐지지 않은 느낌을 담고 싶었습니다.

    이 성당은 우리가 설계하기 전에 이미 여러 설계 안을 받았습니다.
고인이 되신 정기용 선생도 안을 내셨는데 프로펠러가 성당의 십자가처럼
얹힌 소박하고도 멋진 안이었습니다. 그러나 공사 비용이 예상보다 많이
나와서 짓지 못한 채 있다가 몇 해 뒤에 우리한테 의뢰가 온 거였습니다.
면적은 70평 정도로 작습니다. 땅을 가지고 하는 대지 예술을 레퍼런스로
쓰기도 했고, 헬리콥터의 원심력을 건축적으로 어떻게 표현할 수 있을까
생각해 봤어요. 원심력으로 운동을 하다가 궤도에서 이탈하면서 나타나는
힘의 선들을 그려 보았습니다. 탈궤도의 곡선은 항공이라는 의미를
담은 표현입니다. 원심력의 운동이 그리는 궤적들을 형태로 환원하여
땅을 조각했습니다. 건물로 존재하는 성당이기보다는 땅의 연장으로써
그라운드와 피겨 사이의 경계를 없앤 프로젝트입니다. 헬리콥터를 타고

공중에서 내려다보는 성당의 모습이 이 프로젝트에서 가장 기억에 남는 모습이었으면 좋겠다고 생각했어요.

탈궤도의 곡선을 뽑아 내기 위한 작도들도 있고 곡률을 가진 원심력의 벽들을 통해 빛이 들어오는 모습도 그렸습니다. 이때만 해도 컴퓨터 대신 트레싱지에 잉크로 그리고 그 위에 연필로 터치를 해 빛을 표현했어요. 평면 드로잉을 보면 곡선의 안팎과 좌우의 기능이 읽힙니다. 〈웜스아이 뷰Worm's-eye View〉로 그린 드로잉도 있습니다. 이런 작업이 왜 소중하느냐면 성당 내부를 3차원으로 볼 수 있어야 일체감, 즉 구조, 형태, 물성의 조화를 고민할 수 있기 때문입니다. 요즘은 컴퓨터 프로그램으로 금방 만들어 낼 수 있지만 이때만 해도 일일이 손으로 그렸죠. 그리고 그린 대로 지어졌습니다. 천장의 와플 슬래브는 일정한 모듈로 휘게 만들 수는 없으니 각각의 조각들을 하나씩 손으로 만들었습니다.

시공 중에 짜릿했던 순간이 하나 있었어요. 초기에 시공 팀에서 대지 위에 먹줄로 곡선을 띄우기가 어렵다고 했었어요. 그때부터 20여 년간 파트너로 일하고 있는 박영일 소장이 긴 로프를 이용해 석회 가루로 줄을 그었습니다. 거친 대지 위에 뿌얀 석회 줄이 바로 이 곡률대로 뿌려지던 그 순간이 매우 충격적이었어요. 나에게 있어 건축이라는 것이 무엇일까에서부터 많은 것을 상상하게 했죠.

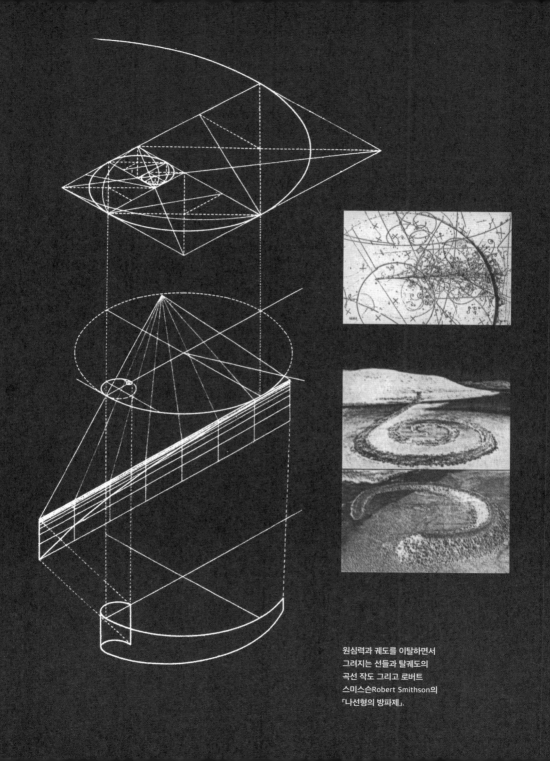

원심력과 궤도를 이탈하면서
그려지는 선들과 탈궤도의
곡선 작도 그리고 로버트
스미스슨Robert Smithson의
「나선형의 방파제」.

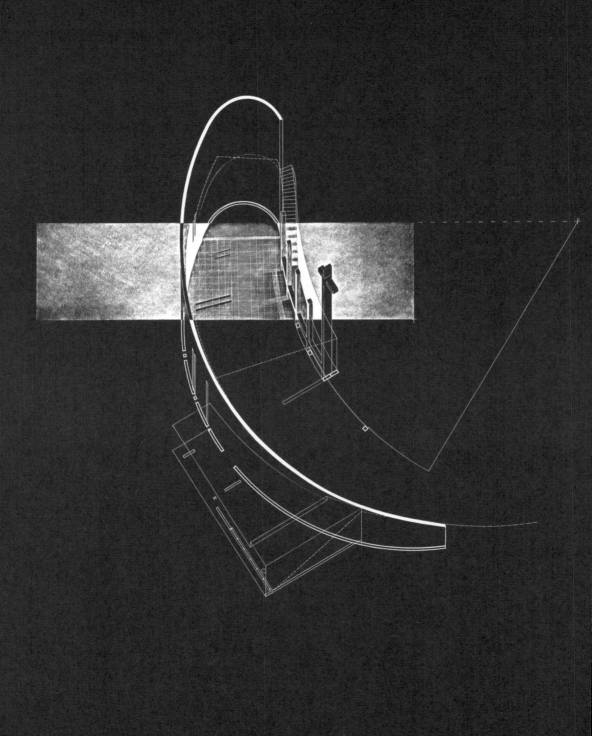

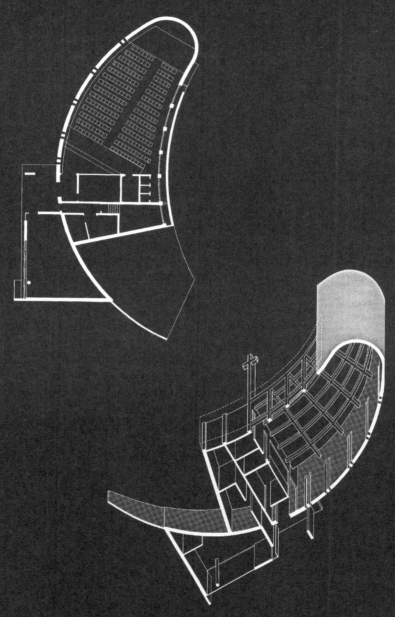

내부로 투과되는 빛의 모양
그리고 평면 드로잉과
웜즈아이 뷰 드로잉.

미장 합판을 15센티미터 간격으로 켜서 만든 거푸집에 콘크리트를
부어 벽을 만들었습니다. 그리고 벽과 천정이 만나는 상부를 따라서
빛이 떨어지는 그 거친 콘크리트 벽이 그대로 내부의 모습이 되기를
바랐습니다. 하지만 당시의 일반인들에게 성당하면 빨간 벽돌이었어요.
어느 날 현장에 갔더니 빨간 벽돌이 쌓여 있더라고요. 옥신각신 끝에 내부
마감을 벽돌로 하게 되었습니다. 한국에서 건축가의 업무 범위라는 것이
제가 생각했던 것과 크게 다르다는 것을 알았죠. 지금은 아마 또 많이
변해 있겠지요. 쓰다 보면 선풍기도 달리고 계획에 없던 등도 달게 되고요.
그래도 지금 생각하면 적은 예산에 어떻게든 잘했던 것 같아요. 콘크리트
벽에도 디테일이 있는데 이걸 콘크리트로 만들 때 얼마나 힘들었겠어요.
모두 군인들이 콘크리트를 부어서 만들었어요.
　　재미있었던 일은 성당이 원래 언덕 끝 경사지에 놓이는 건데
사단장이 손님이 오면 잘 보여야 한다고 골프 연습장에서 잘 보이는

곳으로 옮기자는 거예요. 경사지에 있어야 하는 그 건물이 평지에 지어질
판이었습니다. 제가 몹시 놀라며 말도 안 된다고 펄쩍 뛰니까 걱정하지
말래요. 공사가 마무리될 무렵 경사지가 만들어졌습니다. 진짜 며칠 만에
군인들이 벌떼같이 투입돼서 흙을 퍼 날라 새로운 지형을 만든 거예요.
그런 웃지 못할 에피소드도 있습니다. 예배 공간으로 들어가는 문도
일일이 만들었습니다. 요즘 같으면 이런저런 고민 없이 기성 제품으로
유리문을 달았겠죠. 과거를 돌이켜 보며 반성해야 할 부분이에요.

경사진 지붕과 휘어진 성당의 벽 사이의 좁은 틈으로 지하의 예배
공간에서 밝힌 빛이 새어 나와요. 헬리콥터를 타고 저녁에 복귀할 때
갈라진 땅의 틈에서 새어 나오는 빛, 그 빛의 기호적 풍경이 빚어 내는
성스러운 감동, 이것이 가장 중요한 포인트예요. 원심력을 상징하는
곡선으로 땅을 가르고, 이로 인해 생겨난 균열을 통해서 내부의 빛이
밖으로 흘러나오는 야경을 가장 의도했습니다. 감리할 때는 낮에 가서

주로 잘못된 부분만 확인하고 수정을 논의하다 오니까 저는 정작 이
장면을 경험하지 못했습니다. 공사가 다 끝나고 잡지사 기자가 촬영을
갔을 때 사무실 식구 중 하나가 같이 가서 사진을 찍었습니다. 그 광경에
굉장히 감동을 받았는지 그날 늦게 사무실로 돌아와서는 〈선생님〉하며
넙죽 절을 하더라고요. 주어진 땅과 추상적인 관계 속에서 존재하는
성당입니다.

**콘크리트 벽의 디테일과
예배당으로 들어가는 문.**

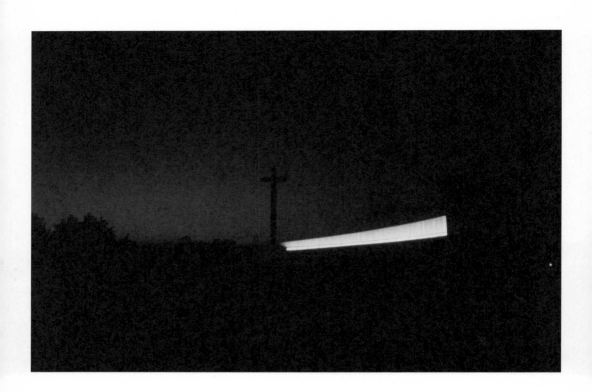

역촌동 성당

김준성

대한민국 서울, 종교 시설, 1992

비승대 성당이 항공부대라는 것을 표현하기 위해 헬리콥터의 원심력을
모티브로 이용했다면, 역촌동 성당은 종교적 아이콘을 어떻게 건축으로
전환시킬까 하는 고민의 과정이었습니다. 역촌동 성당은 원래의 성당을
허물고 새로 지으려고 준비 중이었어요. 신도 중에 건축 설계를 하시는
분이 직접 설계를 하셔서 투시도가 성당 로비에 걸려 있었죠. 그런데
신부님은 만족스럽지 않아 다른 제안을 받아 보려고 했던 거예요.
그 신부님은 제가 지금도 찾아뵐 정도로 가깝게 지내는 분이에요. 지금은
퇴임하셔서 원로가 되셨죠. 오랜 수련 기간을 독일에서 보내셨어요.
그때 유럽의 현대 성당들에서 받은 감명을 이곳에서 재현해 보고
싶으셨던 것입니다.

　　　기존 성당을 처음 방문하면서 받은 인상은 〈부적이 많다〉라는
것이었습니다. 제가 꿈꾸던 단아한 성당들과 달리 어색한 장식들이 많아
신자가 순수하게 신을 만나기에는 번잡하다고 생각했습니다. 그래서
그림자가 그려 내는 흔적만이 아이콘이 되면 좋겠다고 생각했습니다.

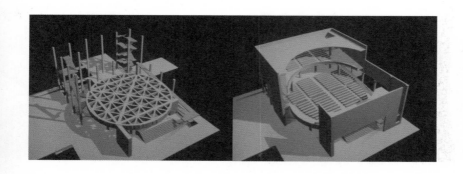

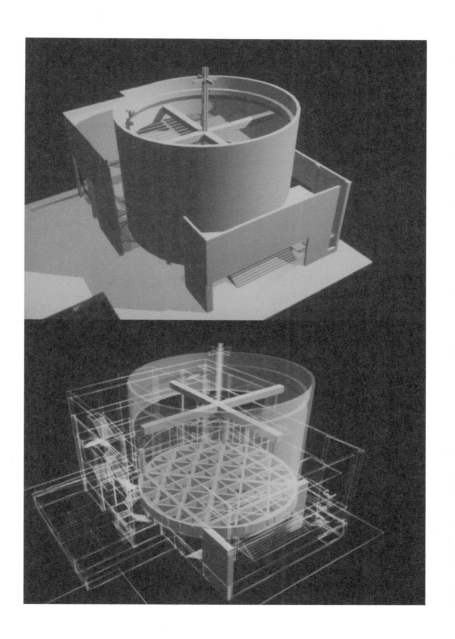

그렇게 나온 안은 원형 드럼을 기본으로 합니다. 드럼 상부에
십자 형태의 구조물을 얹는데 그 구조물은 상징적인 역할은 물론이고
드럼 위에 십자가를 세우기 위한 구조적 역할도 합니다. 제대가 북쪽에
있으니 이 십자 구조의 그림자가 제대의 벽에 드리워질 것을 기대했죠.
그 그림자만이 이 성당의 유일한 상징이었으면 했습니다. 그 당시에
토파즈Topaz라는 3D 프로그램으로 여름과 겨울에 빛이 십자가를 지나
제대 뒤 벽에 그림자가 진 모습을 만들었습니다. 높이 17미터에 지름이
20미터짜리 드럼에 해가 지나는 동안 십자가가 제대 벽을 따라서
넘어가는 성스러운 광경을 상상했습니다.

이 드럼은 대지에서 떠 있습니다. 사람들이 계단을 올라와서 이
원통형의 하부를 지나게 되는데 이 공간은 의도적으로 압축된 느낌을
줍니다. 하나의 세계에서 다른 세계로 들어가는 브리지와 같은 역할을
염두에 둔 것입니다. 일상에서 성스러운 곳으로 옮겨 가는 준비 단계인
것이죠. 그 원통의 하부도 구조적, 시각적으로 특별한 모습이어야 했어요.
신부님께 보여 드리기 위해 콘크리트로 캐스팅한 모형을 용달차로
운반했습니다. 아쉽게도 모형은 사라졌지만 돌이켜 보면 모든 것에
무모하게 부딪히는 젊은 건축가의 모습이었을 테지요. 신부님이 진심으로
좋아하셨어요. 정식으로 계약하고 실시 설계까지 다 끝냈는데 결국에는
짓지 못했습니다. 신도들과의 갈등이 많았기 때문입니다. 그들에게는
낯설었을 거예요. 결국 원래 로비 벽에 붙어 있던 투시도대로 빨간 벽돌의
성당이 지어졌습니다. 신부님은 실망하셨고 가벼운 짐만 챙겨서 태안
어딘가로 갑작스레 내려가셨던 일화가 있습니다.

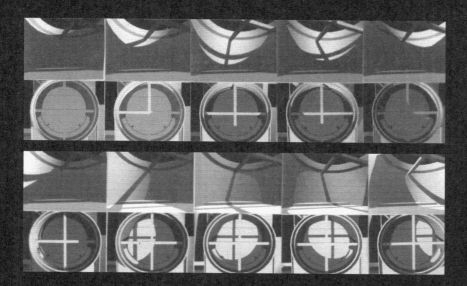

십자가 그림자가 시간에 따라
건물 내부로 드리워진다.

김포 신경정신과 병원

김준성

대한민국 김포, 의료 시설, 1994

1994년도 말에 정신 병원을 짓겠다고 한 분이 찾아왔습니다. 그때까지만
해도 규모 있는 정신 병원을 개인이 운영했던 사례가 우리나라에는
없었어요. 수익이 나지 않은 구조였기 때문입니다. 그런데 이 젊고
패기에 찬 의사는 꼭 개인 병원을 열겠다며 저희를 데리고 국립 및
대학에서 운영하고 있던 병원들로 견학을 다니며 여러 이야기들을
해주었죠. 그러던 중에 〈무엇으로 사람을 《정신 이상》이라고 판단하는
걸까〉 하는 질문을 스스로에게 했습니다. 정상이라는 절대적 기준이
있는 것일까? 그때 머릿속에 떠오르는 것이 바로 황금 비례와
모더니즘 초기까지 절대적으로 쓰였던 기준인 르코르뷔지에Le
Corbusier의 체인 스케일이었어요. 구성주의로 대표되는 말레비치Kazimir
Malevich와 칸딘스키Wassily Kandinsky의 스케일 도표도 떠올랐습니다. 사실
르코르뷔지에까지는 스케일을 그리고 작도를 하는 데 법칙이 있죠.
우리가 흔히 쓰는 삼각자와 컴퍼스에 의해 기계적으로 그릴 수 있어요.
그런데 칸딘스키의 스케일 도표를 보면 그 각도가 어디서 나온 건지
설명할 수가 없습니다. 갑자기 비례, 스케일로 설명할 수 없게 된 것이
현대로 가는 계기가 되지 않았을까요. 그런데 이런 절대적인 것에서
우발적인 것으로의 전환된 사고가 정상과 비정상의 판단 기준과도
관계가 있겠다 싶었어요. 나의 감성적인 부분들이 어디까지가 정상이고
어디까지가 비정상인가에 대한 생각을 하면서 그림을 그려 나가기
시작했습니다.

　　　　정신 병원이라고 하면 어떤 모습이 떠오르나요? 밖과 소통이
단절된 이미지가 먼저 떠오르지 않나요? 재미있는 것은 환자를 데리고 온

황금 비율, 르코르뷔지에의
체인 스케일 그리고 중앙에
말레비치의 구성 비율.
하단은 병원의 구성 비율.

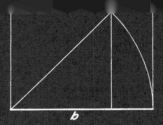

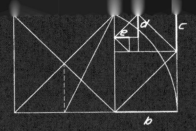

a : b   a : b : c : d : e

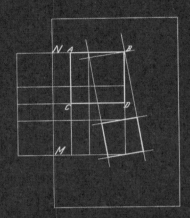

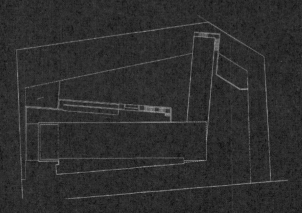

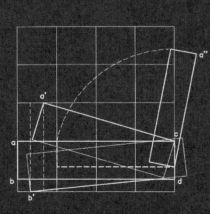

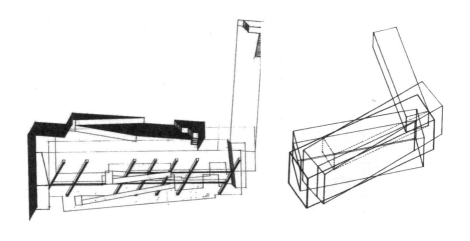

가족이 제일 먼저 묻는 게 〈여기 때려요?〉라고 합니다. 어떻게 하면 그런 병원이 되지 않을까? 가장 좋은 치료는 무엇인가? 이에 대한 답은 너무 간단하고 명료해요. 약을 주거나 물리 치료를 해주는 것보다 더 효과적인 것은 사회생활을 하게 해주는 것입니다. 사회생활이라는 게 우리가 아는 정신병동에서는 어렵잖아요. 그래서 건축주가 저에게 이야기했던 건 복도와 방의 비율을 거의 같게 해달라는 거였어요. 파격적인 요구처럼 들리지요. 하지만 잘 생각하면 너무나 당연한 것이었습니다.

　　　전체적으로 보면 ㄱ자 형태의 병동이고 전면부에 휠체어를 타고 오를 수 있는 경사로가 지하에서 2층까지 쭉 연결되어 있어요. 이 경사로는 투명한 입면에 면하고 있어서 밖에서도 환자들의 움직임을 볼 수 있습니다. 경사로의 폭도 굉장히 넓어서 환자들이 빨랫감을 실은 카트를 밀며 오르락내리락하기도 해요. 그렇게 사회의 장이 되는 겁니다. 앞서 말한 방의 폭과 비슷한 폭의 복도도 마찬가지고요. 환자들이 서로 교류할 수 있는 가능성을 어떻게 하면 좀 더 극대화할 수 있을까를 상상했습니다.

ㄱ자형 건물의 형태가 만들어
낸 병원 마당. 환자들이
족구장으로 자주 이용한다.

밖에서는 투명한 유리 커튼 월이 가장 먼저 눈에 들어오죠. 처음엔 다들 의아해했어요. 정신 병원이라고 하면 창도 작아야 하고 그 창에 창살도 쳐 있어야 할 텐데 굳이 전면을 유리로 만들어서 속살을 다 보여 주어야 하느냐는 것이었죠. 하지만 확신이 있었어요. 경사로를 내려오면 연극 치료를 할 수 있는 사이코 드라마실과 연결됩니다. 또 바깥에는 ㄱ자 병동이 에워싸며 마당을 만들어 냈습니다.

상대적으로 적은 비용으로 병원 시설을 완성해야 하는 현실이었어요. 비용에 맞는 여러 조건들을 조금 더 준비했어야 했는데 서울에 온 지 얼마 안 되었던 터라 상황을 잘 몰랐습니다. 그 한 예가 초기에는 이렇게 글라스 블록을 넣고 콘크리트로 부어 만든 큰 패널을 조립해서 몸체를 만드는 구상이었는데 큰 공사비가 드는 제안이었어요. 비용 절감을 위해 결국 현장에서 사람 손으로 뚝딱뚝딱 만드는 것으로 결정했어요. 미국 상황이랑 반대이죠. 미국은 가급적 사람 손을 덜 들여야 비용이 저렴한데 우리나라는 가급적이면 사람 손으로 현장에서 만드는 게 비용이 덜 들었습니다. 물론 지금은 바뀌는 추세예요. 결과적으로는 원래 예상했던 완성도는 안 나왔지만 기억에 남는 작업이었어요.

글라스 블록을 사용하여
현장 타설한 콘크리트 입면.

할리데이비슨 센터

대한민국 용인, 업무 시설, 2006

할리데이비슨이라는 오토바이가 있습니다. 많은 사람들의 선망의
대상이지요. 할리데이비슨 한국 총판 사무소는 한남대교 북단에
있었는데 주말에 방문해 보니 정말로 많은 마니아들이 모여 북적대고
있었어요. 그분들은 오토바이 자체 가격보다 더 많은 비용을 액세서리
값으로 지불한다고 합니다. 아마 그 북적이는 모습은 서로 다양한 관련
정보들을 공유하는 장면이었을 겁니다. 이 사무소 대표가 지인으로부터
20년 동안 무상으로 한 대지를 임대받았다며 이에 적합한 설계를 부탁해
왔습니다. 장소는 경부고속도로변으로 서울을 빠져나가 얼마 되지
않는 거리에 있었습니다. 고속도로변이었기 때문에 일반 판매소나 업무
시설 같을 수는 없는 조건이었습니다. 우리가 집중한 것은 바로 그 큰
커뮤니케이션이 일어나는 광경이었어요. 그 멋진 현상이 좀 더 건축
안에서 일어난다면 어떨까 하며 고속도로변의 옥상 데크를 떠올렸습니다.
바이커들이 오토바이를 타고 건물의 표피를 한 바퀴 돌아 올라오면
4층 높이의 옥상에 도달하는 기본 안입니다. 그 높이까지 도달하기
위한 입면의 길이를 위해 건물을 크게 8자로 계획했고 뱀처럼 휘감긴
오토바이용 도로가 자연스레 입면이 되었습니다. 흡사 다이어그램 같은
간단한 스케치를 오전에 스태프한테 주고는 학교에 갔다가 약 대여섯
시간 후 돌아오니 벌써 이 3D 모형이 만들어진 거예요. 디지털이라는
미디어가 가지는 파워가 엄청납니다. 실제로 진행이 될지 안 될지
모르는데 며칠씩 걸려서 준비하던 때보다 많이 영악해진 것 같다는
생각도 들고요. 결론적으로 건축주는 굉장히 좋아했는데 아쉽게도
지어지지는 않았어요.

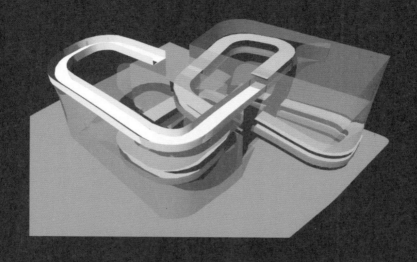

위에서 보면 분명하게 의도가 읽혀요. 8자 형태의 경사로가
쌍방향으로 엮여 건물을 둘러싸는데, 표피를 한 바퀴 돌면 옥상에
도달하기도 하고 또 반대로 건물에서 나와 도로에 접속되기도 하는
오토바이를 위한 특정 건물의 계획 안입니다.

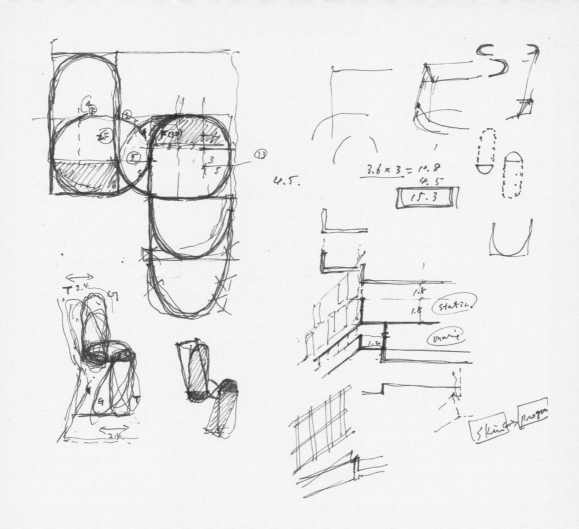

$3.6 \times 3 = 10.8$
4.5
15.3

$4.5.$

지붕에 도달하기 위한
경사로와 건물의 표피에 대한
스케치들.

레사 다 팔메이라 Leca da Palmeira　　　　　　　　알바루 시자

포르투갈 마토지뉴스, 운동 시설, 1966

이 프로젝트는 1960년대 초반 알바루 시자 선생님이 30세가 되기도 전에 현상 설계에 당선된 것으로, 선생님이 33세 때에 완공되었습니다. 알바루 시자의 첫 프로젝트여서 많이들 알고 있죠. 이 프로젝트가 완성되었을 때 평론가들이 모더니즘이라는 타이틀을 들고 나온 건축 중에 가장 성공적이라는 평들을 내놓았어요. 보통 모더니즘은 화이트 박스로 정의되기도 하며, 다른 의미로는 유니버설리즘이죠. 제1차 세계 대전이 끝나고 난 다음 저마다 지역의 고유성보다는 생존에 필요한 새로운 건축이 탄생되었고 그 경향이 반 세기간 진행되었습니다. 그러다가 지역적이고 자생적인 바람이 불 때쯤 시자의 바닷가 수영장 작품이 소개되었고, 큰 반향을 일으키게 됩니다.

　　최근에는 주변이 아파트 건물로 꽉 차 있고 도로에도 차가 많이 다니고 또 주차량도 많아졌는데 초기에는 아무것도 없었어요. 해안 도로와 바다 사이에 덩그러니 위치한 공립 수영장이었습니다. 실제 건물의 지붕이 해안 도로보다 불과 60센티미터밖에 높지 않아 운전을 하다 보면 모르고 지나칠 수도 있었죠. 안내가 없으면 찾아가기 쉽지 않은 건축물입니다. 도로와 바닷가의 높이차는 약 3~4미터입니다.

　　도착해서 차를 주차하고 경사를 통해 아래로 내려가며 진입하게 됩니다. 왼쪽으로 꺾어져 탈의실에서 옷을 갈아입고 수영장으로 가는 동선인데, 바로 이 과정에서 특별한 경험을 선사받습니다. 건물 지붕과 하단의 벽 사이에 긴 틈이 수평으로 나 있는데 그 지붕과 물체 사이의 틈으로 절묘하게 수평선의 청명한 이미지가 보입니다. 그것이 주는 감흥은 말로 설명할 수가 없습니다. 들쑥날쑥한 바위로 거칠고 복잡한

해안만 보다가 갑자기 오직 수평선만이 눈에 들어오는 것입니다. 직전과는 대조적이고 추상적인 바다죠. 가장 단순한 외침과도 같은 전경이 그렇게 선명할 수가 없었습니다. 이 과정을 지나 들어와서 옷을 갈아입죠. 그 후 밖으로 나오게 되는데, 이때도 긴 벽의 공간을 지나서야 바다로 나갈 수 있습니다.

스티븐 홀이 이 작품을 가지고 세상에서 가장 현상학적인 건축이라고 했던 적이 있어요. 그 긴 벽의 공간은 시야를 차단한 채 소리로만 바다를 전달합니다. 수많은 바위에 파도가 부딪히는 소리가 나죠. 그 벽의 공간에서는 내 몸의 또 다른 감각 기관(청각)을 열어 바다를 경험하게 합니다. 그리고 그 긴 벽 끝에 조그만 출구를 지나서 결국 바다로 나가면 잠시 잊고 있던 거친 해안가의 바위들이 눈앞에 펼쳐집니다. 도로를 달리는 동안 내내 곁에 있던 바위들과 바다는 건물 안으로 내려와 수평선을 보고 소리를 듣는 과정에서 머릿속에서 잠시 지워집니다. 그리고 바다로 나온 순간 그것들이 바로 내 옆에 있었다는 걸 깨닫게 되죠. 당황스러울 정도로 촉각적이었습니다. 순간 무릎에 힘이 빠져서 쓰러질 것 같더라고요. 시각, 청각, 촉각적 인지가 각자 고유하게 나를 습격했다고나 할까요? 굉장히 치열한 건축의 체험을 이토록 인간적인 포르투갈의 건축가를 통해 받은 것입니다. 나의 배경 속에서 나만이 보여 줄 수 있는 건축이란 무엇일까에 대한 의문을 품게 함과 동시에 큰 동기 부여가 된 순간이었습니다.

건물 입구와 주차장에서
탈의장으로 내려가는 동선.
지붕과 하단의 벽 사이에
수평으로 길게 난 틈으로
바다가 보인다.

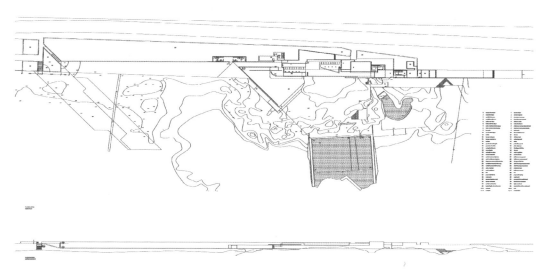

Z 터미널

김준성

미국 뉴욕, 교통 및 문화 시설, 1990

대학원 졸업 작품이었던 Z 터미널입니다. 작품성을 떠나 건축적 사고에
영향을 주는 여러 인자들 및 건축가가 어떻게 시나리오들을 구성해
가는지를 보여 주므로 소개합니다. 장소는 뉴욕 시의 윌리엄스버그
다리입니다. 원래 이 다리에 사용되었던 철제 케이블은 아연 도금
강Galvanized Steel으로 당시에는 녹이 슬지 않는 재료라고 알려져
있었습니다. 그러나 근래 들어서면서 녹이 슨다고 판명이 나자 뉴욕
시는 메인 케이블 자체가 녹이 슬 수 있다는 것에 대한 대책을 세워야
했습니다. 결국은 막대한 돈을 써서 보수를 하기로 결론을 내립니다.
그러던 와중에 저는 〈앞으로 일어날 이러한 문제들을 건축으로는 어떻게
해결할 수 있을까〉라는 의문이 생겼습니다. 그러면서 〈Z 터미널〉이라는
발상이 떠오른 것입니다.

      X-Y-Z에서 Z는 수직이므로, Z 터미널은 말 그대로 수직
터미널입니다. 미래의 주요 운송 수단이 될 비행 수단의 터미널입니다.
강변이 제일 유리한 장소였고요. 기존의 다리와 함께 수직 항공 터미널과
공용 도서관이 Z 터미널을 이룹니다. 터미널과 도서관은 다리 옆에
부레와 같은 구조에 의해 길쭉한 형태로 떠 있는데, 도서관에는 책들이
쌓여 있어서 만약 사람들이 도서관에서 책을 많이 빌려 가면 터미널
자체가 물 위로 더 뜨게 되는 상호 작동의 형태입니다. 맞은편의 벽은
개인용 리딩룸의 복합체로 이루어지고요. 케이블에 감겨 있는 링이
몸체가 됩니다. 링들은 케이블에 감겨 코어와 분리되어 허공에 떠
있습니다. 이 링들은 압축력을 받는 구조체이고 링 하나하나에 층이
하나씩 걸립니다.

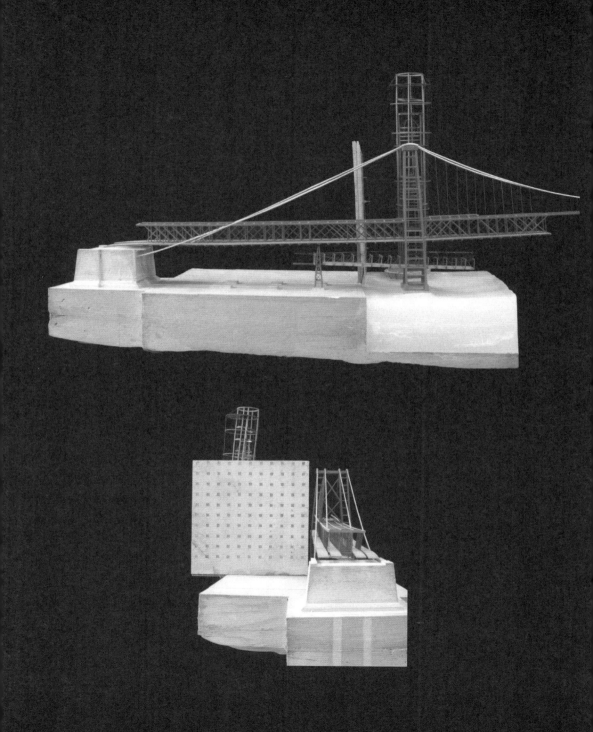

Z 터미널에는 수면 밑부터 상공의 터미널 레벨까지 총 6개의 평면이 있습니다. 몸체의 부분 모형을 보면 중앙에 렌즈가 있습니다. 강물을 정화시켜 투명한 저장소에 담아 렌즈와 같은 역할을 하게 했습니다. 터미널의 상공에서 수십 미터 아래 지상으로 진입하는 사람들의 모습이 크게 확대되어 보이는 상상을 했어요. Z가 의미하는 수직적 거리를 건축이라는 미디어를 통해 압축시킨다는 의미를 담습니다.

학생 시절 마지막 작품이기도 하지만 당시에는 반응이 상당히 좋아 열과 성의를 다해 만든 작품이에요. 일반적인 도면을 거부하며 나만의 표현을 찾아보려고 했습니다. 당시 제게는 선의 굵기로만 표현되는 보통의 건축 도면들이 시시하게 보여 다른 표현을 찾다가 회화적으로 풀어 보기 시작했습니다. 3~4년 동안은 계속해서 모든 프로젝트의 도면을 회화로 그렸습니다. 또 다른 미디어를 접목시켜 보려는 충동입니다. 나름대로 가지고 있던 건축에 관한 사고가 전부가 아님을 깨닫고 또 다른 영역의 건축으로 발을 디디게 되는 순간이기도 합니다.

제 건축 작업 과정 중에서 중요한 순간 중 하나를 소개하고 싶어요. 이 프로젝트를 할 때였습니다. 안토니오 프레덕Antonio Predock이라는 미국 중부의 유명한 건축가를 만나게 되었습니다. 이 건축가는 매일 사자 머리에 가죽 점퍼와 가죽 바지를 입었죠. 꼭 오토바이에서 갓 내린 듯한 투박한 인상이었습니다. 그의 건축 역시도 충격적이라고 생각했고요. 그분이 스튜디오를 찾아와서 우연히 이 프로젝트에 대해 조언을 해주었습니다. 주제에 터미널과 도서관이 있는 것을 듣곤 그분이 첫 번째로 이런 질문을 했습니다. 〈책을 펼쳤을 때 인간의 오감 중 어떤 것이 가장 먼저 작동할까?〉 재빨리 〈시각〉이라고 대답했지만 동시에 머릿속에서는 〈아, 틀렸다. 이런 대답이었으면 묻지 않았겠지〉라는 생각이 떠올랐습니다. 아니나 다를까 후각이라고 하더라고요. 충격적인 순간이었습니다. 내가 알고 있는 논리적 사고가 아닌,

감각적으로 판단되는 또 다른 인식 구조였습니다. 우리는 시각에 주로 의존하는 사회에 살고 있습니다. 하지만 현상학에서는 그렇지 않다는 것입니다. 그때 〈아, 내가 건축을 다른 사람들과 같이 너무 피상적으로 생각하는구나〉라는 자책이 들었습니다.

　　모리스 메를로퐁티Maurice Merleau-Ponty의 글에 이런 이야기가 있습니다. 제1차 세계 대전 때 전쟁터에서 오른발을 잃은 남자가 평화 시대가 찾아온 어느 날 자기 집 정원에 앉아 꾸벅꾸벅 조는데 오른발의 두 번째 발가락이 간지러웠답니다. 긁으려고 손을 가져다 대는데 순간 허공을 만지고 있는 자신을 발견합니다. 남자가 느낀 그 가려움은 존재하는 거였을까요, 아니었을까요? 촉각으로 존재한 겁니다. 그렇다면 현대 의학에 대한 질문들을 해보죠. 보이지 않는 것은 치료할 수 없다고 믿었던 것이 20세기의 현대 의학이었다면 21세기로 넘어가면서 큰 변화를 맞이합니다. 보이지 않는 것도 의학의 대상이 된다는 것입니다. 어느 의학자가 나뭇잎을 잘라서 나뭇잎에서 기가 생성되는 것을 레이저로 찍기 시작했습니다. 나뭇잎을 반으로 자르고 그 잘려 나간 부분에서 기의 흐름을 잡으려고 했지만 처음엔 실패했대요. 의학자는 이번에는 나뭇잎을 마취시키고 서서히 조금씩 잘라 보았습니다. 빨리 잘랐을 때의 쇼크를 최소화하고 천천히 속도를 늦추어서 자르고 났더니 잘려서 없어진 부분에서도 기의 흐름이 나타났다고 해요. 그러니까 실체가 없다고 해도 전체로서 존재한다는 것을 알게 된 것입니다. 시각은 인식에 있어서 중요한 것이지만 전부는 아니라는 것입니다. 인간은 시각 하나뿐이 아닌 오감을 통해 인지한다는 것에 깊게 동감하고 느낀 계기가 되었습니다. 내가 어떤 상황에서 내리는 해석이 절대적인 것이 아니라 경우에 따라 다양하다는 걸 알게 된 것입니다. 그러고 나니 그 다른 무엇이 궁금해지기 시작했습니다.

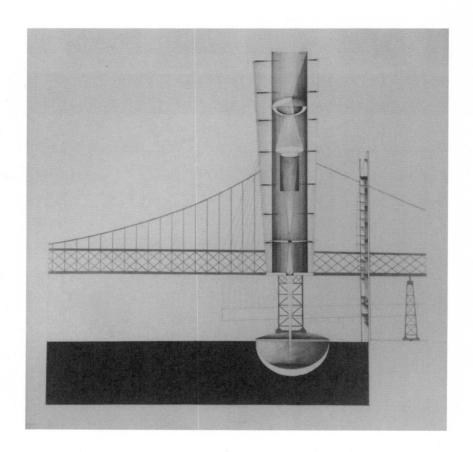

실험 극장

김준성

미국 뉴욕, 문화 시설, 1989

대학원 시절의 또 다른 작품입니다. 맨해튼 브로드웨이의 남단에 있는 셰익스피어 극장 바로 옆에 계획된 실험 극장이라는 프로젝트예요. 초기에 떠오른 생각을 제약 없이 서술하듯 그림을 그리고 모형을 만들었습니다. 큰 스케일이나 기본 구조, 공간 구성에 관해 그린 후 이것들이 옳다고 판단되면 그 후에 점차 계량적인 스케일에 맞춰서 옮겨 가는 거죠. 그렇게 초기의 작업을 바탕으로 구조 시스템과 극장과 블랙 박스, 동선들을 발전시켜 나갔습니다. 여행을 떠나는 비행 물체가 활과 화살의 구조에서 출발한다는 발상으로 초기 스케치에 임했습니다. 길에서 보이는 극장의 모습까지 구축되어야 한다는 전제는 처음부터 짐처럼 어깨에 매고 있진 않았습니다. 점차 발전해 가는 과정에서 개입되며 완성된 것입니다. 실험 극장이라서였는지 모르지만 일반적으로 극장 건물이라고 예상할 수 있는 결과와는 거리가 멀어 보이죠.

건축 대학원은 학생들을 교육하는 장이지만 그 이전에 사회에서 유일하게 존재하는 건축 실험실이기도 합니다. 그 당시 대학원 내의 각 스튜디오 간 미묘한 경쟁의식이 이런 실험적인 작품들을 만들게 된 원동력이지 않을까 짐작해 봅니다. 이 작품에서 보여 주려고 했던 여러 건축적 의도는 실험적 제안으로만 끝나지 않고 결국에는 어느 순간에 현실적 동기를 잡고 실현됩니다. 다음에 보여 드릴 토네이도 하우스가 바로 그런 경우인데요. 이 작품과 잘 비교하며 보시길 바랍니다.

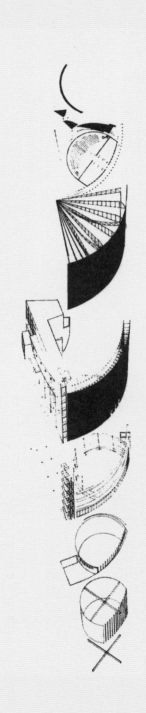

지상부에 떠 있는 공연장,
벽 같은 볼륨의 학교 시설
그리고 지하에 각종 연습실에
해당되는 블랙 박스들이
존재한다.

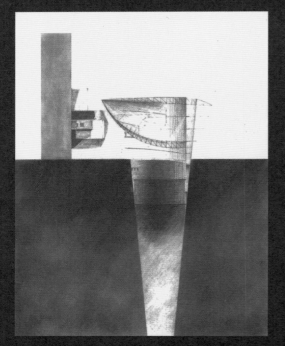
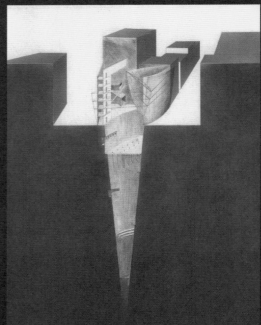

초기의 그림과 모형에서
보이는 원뿔형의 지하
공간은 소리와 빛의 울림을
극대화하기 위해 개념적으로
설정하였다.

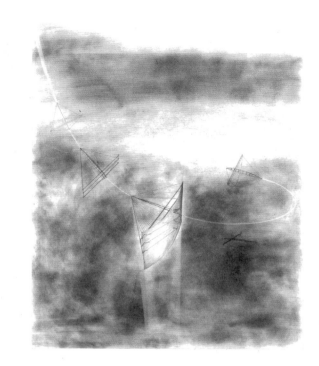

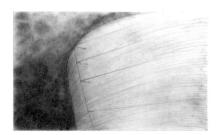

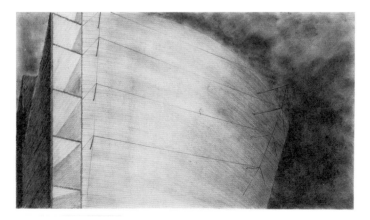

토네이도 하우스

김준성

대한민국 서울, 단독 주택, 1992

토네이도 하우스라고 불리는 3세대를 위한 단독(다가구) 주택
프로젝트입니다. 제가 서울에 와서 처음으로 한 프로젝트입니다. 중소
규모의 건설 회사 대표의 의뢰로 시작된 것인데, 그분의 아들이 당시
건축과 졸업반이었어요. 그 연유로 연결이 되었습니다. 건축주에게는
장성한 아들 둘이 있었는데 아들들이 결혼하고 가정을 꾸려서도 같이
살 수 있는 집을 지어 달라고 의뢰했습니다. 두 아들은 모두가 한 집에
산다는 것에 찬성하지 않았지만 여러 논의 끝에 각자 열쇠를 가지고
각자의 집에 들어갈 수 있는 집을 만들자는 것으로 유도되었습니다.
세 가구의 독립적인 생활 공간이 확보되면서 한 채의 주택이 되는
조건이었습니다. 상황이 복잡하고 미묘했는데 결국 토네이도로 비유된
깊은 중정을 갖는 주택으로 발전했습니다. 현실적인 조건상 스케일이
작고 좁은 중정일 수밖에 없었습니다. 이 마당의 스케일을 어떻게
왜곡시켜 볼까 생각을 많이 했어요. 그리하여 2차원적 곡률이 아닌
3차원 곡률이 적용된 즉, 하단은 좁지만 상부로 갈수록 점차 넓어지는
토네이도를 닮은 중정을 만든 겁니다. 바로 전에 소개한 실험 극장의
원뿔형 지하 공간과 많은 유사성을 찾을 수 있지요.

　　　전면에 길이 있고, 뒤에도 막다른 골목과 만나고 있었는데 앞뒤의
높이 차이가 6미터 정도였어요. 막다른 골목 쪽이 남쪽이에요. 기존에
어떤 집이었을지 예상할 수 있겠죠. 막다른 길 쪽에서 들어가면 남향의
정원이 계단 위에 있고 그 마당을 바라보는 2층짜리 집이었습니다.
그런데 그 형태가 풍수적으로 나쁘다고 했대요. 그래서 결국은 북쪽
도로를 향해서만 진출입이 가능하게 해달라는 요청이 있었어요.

3차원 곡률이 적용된
토네이도의 전체 모형.
지상과 지하의 여러 레벨이
중정을 이룬다.

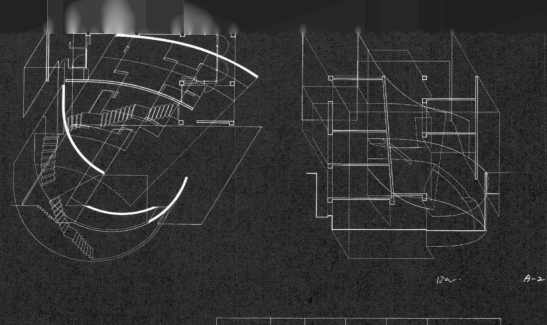

12a.　　　　A-2

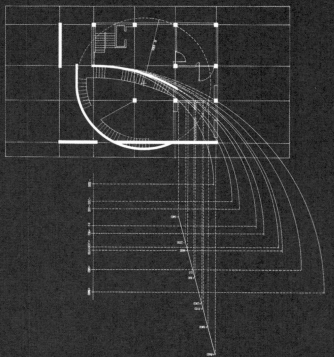

건물 전체의 스케일과의 관계
속에서 벽을 뉘이는 각도를
찾기 위한 도면들.

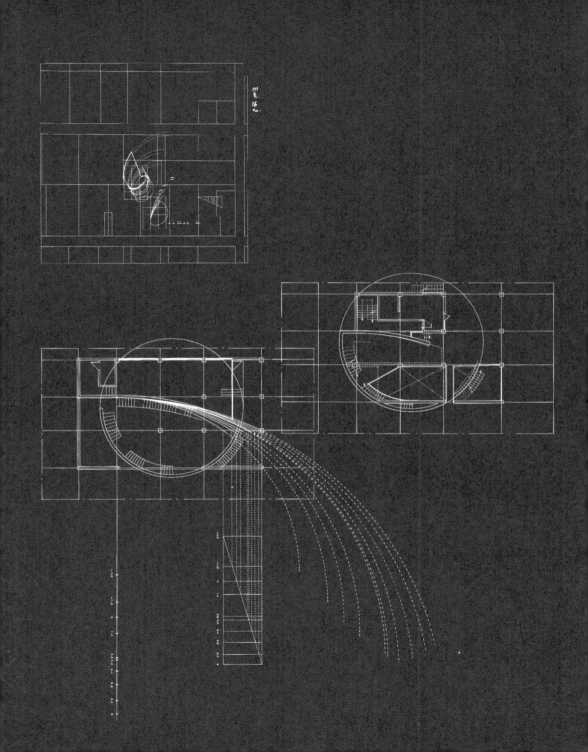

중정이 이어지는 방법을 단면으로 표현한 도면을 자세히 보면 총
5개의 레벨이 있는 셈입니다. 법규상 지하 2층, 지상 2층으로 등록되어
있어요. 중정을 이루는 벽은 하늘을 향해 점점 더 넓게 열리죠. 그래서
느껴지는 공간감은 실제 크기보다 더 큽니다. 폭이 4미터밖에 안
되는 중정을 통해 하늘을 향해 열린 집을 만든 거죠. 첫 작업이다 보니
당시에는 변변한 사무실도 없습니다. 작은 작업실에서 학생들의 도움을
받으며 진행했던 프로젝트예요. 실제로 지어질 것이라는 기대도 없이
시작한 작업이기도 하고요. 그러던 어느 날 건축주가 작업실에 오셔서
모형을 보고는 〈짓겠다〉고 하는 거예요. 신기하기도 했지만, 저에게는
참 중요한 계기였습니다. 후에 제가 왜 그 낯선 모형을 보고 바로
받아들였는지를 물었어요. 그랬더니 대답이 충격적이에요. 집이 아닌
것 같아서 좋으셨대요. 그때 많은 건축주들이 저희보다 더 깨어 있다고
느꼈습니다. 건축이 전문직이라면 우리가 바로 전문가일 텐데 의식의
열려 있고 새로움을 보고 받아들이는 자세는 우리들보다 더 적극적이라고

**입구에서 내부로 들어가는
공간과 내부에서 본 중정.**

생각했습니다. 지금 이 건물은 다른 모습이에요. 작년에 어떤 분이 이 집을 사서 중정을 메꾸었다고 해요. 그래도 20여 년 동안 원형 그대로 있었고, 저한테는 아직도 애착이 가는 가장 좋아하는 프로젝트예요. 저희 사무실이 있었던 곳이기도 합니다. 벽을 눕히는 정도를 찾기 위한 도면이 있습니다. 그 논리가 벽 자체에만 기인하지 않고 집이 갖는 전체 스케일 안에서 나온 것이라 이해하면 될 것 같습니다. 이때의 도면들과 모형들에는 요즘 보기 드문 정성들이 보입니다. 아마 이런 정성들을 무시할 수 없어서 건축주가 짓겠다고 했는지도 모르겠어요. 집의 내부를 보기 위해 또 다른 스케일의 단면 모형도 만들었습니다. 벽은 진입할 때는 직각인데 가면서 올라갈수록 벽이 눕는 것처럼 각도가 열립니다.

그리고 이 집의 또 다른 특징은 〈집에 들어가는 과정〉이라고 생각해요. 집에 들어가는 첫 번째 공간이 마당이 아니라 계단참이에요. 그곳이 집의 시작입니다. 첫발을 계단참에 딛게 되고 그곳에서 반 층 내려가면 이 집의 진짜 마당이 있어요. 반 층 위로는 어머님 공간, 그리고 거기서 한 층 더 올라가면 첫째 아들의 오른쪽 공간, 둘째 아들의 왼쪽 공간으로 들어가는 조그마한 데크가 있어요. 상부의 두 유닛은 단면상 퍼즐처럼 맞물린 중첩된 공간들입니다.

바깥에서 집으로 돌아올 때 얼마나 많은 짐들을 짊어지고 오나요. 하지만 집으로 들어가는 순간 모든 게 싹 잊히는 그런 느낌을 바랐어요. 다른 세계로 들어가는 느낌을 만들고 싶었죠. 그래서 반 층 떠 있는 계단참을 이 집의 첫 공간으로 설정했습니다. 그라운드가 없는 허공 위의 공간입니다. 그리고 실제로는 어느 정도 그 느낌을 이룬 것 같아요. 이 집에 들어서면 울림이 있어요. 단순히 청각적 울림만이 아니라 묘한 공명이 존재하죠. 원통에 살짝 가려진 입구를 돌아 들어서는 중정의 공간이 바로 모든 울림의 중심이 되는 겁니다. 다 짓고 났는데도 저 집은 언제 완성이 되나 주변에서 궁금해들 하셨어요. 누가 찾아올 땐 〈오시면

토네이도의 시작점인 지하.
지하 마당에서 상부의 마당을
올려다볼 수 있다.

창고 같은 집이 보일 거예요〉라고 알려 주곤 했었죠. 계단의 가장 아래에는
지하의 마당이 있습니다. 바로 그곳이 토네이도의 시작인 셈입니다.
지하까지 연결된 원통형의 공간과 상부에 얹힌 상자와 같은 볼륨의
사이에서 들어오는 빛, 바로 이곳이 토네이도의 핵이라고 할 수 있습니다.
전체 식구들이 같이 쓰는 식당이 남쪽 정원과 연결되어 있는데 식당에
가려면 다들 나와 비를 맞고 가야 해요. 제가 모형을 보여 드렸을 때에
〈어? 화장실에 가려면 비를 맞아야겠네〉 하셨거든요. 나중에 전해들은
내용인데 속으로는 지어 놓고 나서 저 모르게 위를 덮어야겠다고
생각하셨대요. 그런데 짓고 나니 없는 모양새가 좋아서 안 덮었다고
해요. 둘째 아들 공간은 신혼부부가 살 수 있는 6미터 높이의 공간으로
계획했어요. 안쪽으로는 욕실이 있고 그 위로는 침실로 쓸 수 있는 중층이
있습니다.

　　　저는 가끔 〈서늘했으면 좋겠다〉라는 표현을 합니다. 온몸에
전달되는 공간의 순수한 생경함을 경험했으면 하는 것입니다. 대부분의
프로젝트가 끝나면 다들 좋다고 하는데 늘 중요한 무언가, 즉 잊힌 걸
일깨우는 서늘함이 안 느껴집니다. 하지만 이 프로젝트가 유일하게 그
서늘함이 실현됐던 작업인 것 같아요.

중화 만두 전문 회사 홍보관

김준성

대한민국 파주, 근린 생활 시설, 2005

토네이도 하우스는 외형상으로는 콘크리트 박스예요. 하지만 7미터
높이를 가진 토네이도 형태의 중정을 안에 품고 있죠. 토네이도 하우스를
아시던 많은 분들이 연속된 작업으로 〈제2의 토네이도 하우스〉를
만들지는 않느냐고 하는데, 저도 애착이 가는 작업이었기 때문에 그
계기를 항시 생각하고 있었습니다. 그리고 토네이도 하우스가 지어진 지
12~13년 되던 해에 그 기회가 찾아왔습니다. 파주시 헤이리 예술마을에
만두로 유명한 회사에서 북측 공동 개발 부지로 남아 있던 지역의 초입에
홍보관을 만들고 싶다고 의뢰해 왔습니다.

　　　중요한 아이디어로 떠올랐던 건 역시 만두였습니다. 피와 속으로
이루어진 만두는 겉과 안이 다르잖아요. 흡사 콘크리트 박스 속에 숨어
있는 3차원 곡선의 중정처럼, 단순한 반투명의 박스 속에 이용자의 동선에
따라 전혀 다른 풍경이 전개되는 모습을 만두와 함께 상상했습니다.
결과적으로 지어지지는 않았지만 내부 지향적인 토네이도 하우스의
개념을 응용할 수 있는 적절한 기회였습니다. 토네이도 하우스는 남북
측의 개구부들이 중정과 연결되어 있었지만, 중정이 하늘을 향해 열려
있는 것이 핵심이었죠. 하늘에서 쏟아지는 자연광이 시간에 따라 다르게
중정의 몸체에 투영되었습니다. 이 프로젝트의 주된 개구부는 세 군데로
X는 동쪽 최하단의 개구부이고, Y는 진입하여 상부로 이동 중에 만나는
남쪽으로 열린 데크이고, Z는 하늘을 향해 있는 빈 공간이에요. 이 세
개구부를 통해 자연광이 유입되고, 외부와의 소통(홍보관이라는 기능
때문에라도 더욱)이 되는 등 토네이도 하우스보다 더 적극적으로 외부를
향해 열린 건물을 상상했습니다.

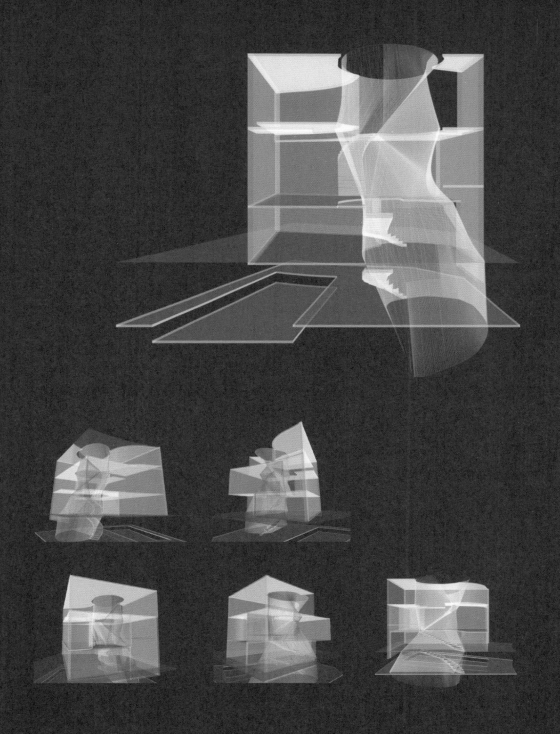

설계한 지 10여 년이 지나 다시 자료를 보니까 용감했다는 생각이 들어요. 이해할 수도 없는 복잡한 안을 가지고 건축주한테 갔으니 내가 건축주였어도 황당하고 부정적이었을 것 같습니다. 스터디 모형의 이미지들을 보아도 쉽게 이해할 수 있는 안은 아니었습니다. 중정 면에서 토네이도 하우스와 다른 점은 토네이도 하우스에서는 계단이 노출되는데 여기서는 몸, 즉 중정을 이루는 벽의 안쪽에 계단이 있다는 것입니다. 즉 토네이도에서는 벽에 붙어 있는 계단이었다면 여기서는 몸의 일부분이 된 것입니다. 조금은 더 복잡해졌지만 진화가 됐다고도 할 수 있습니다. 외관은 굉장히 중립적이고 심플해요. 하지만 건축주에게는 밋밋하게 느껴졌겠지요. 이 모델을 가지고 가서 움직이는 빛의 변화라는 등 이해할 수 없는 이야기를 했으니 건축주가 지을 마음이 쉽게 들지 않았을 겁니다. 그땐 참 용기가 있었구나 싶기도 하고 한편 바보스러웠구나 하는 생각이 들어요. 이상한 수수께끼 같은 집이죠.

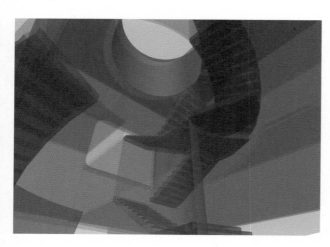

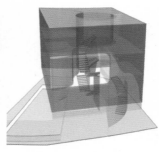

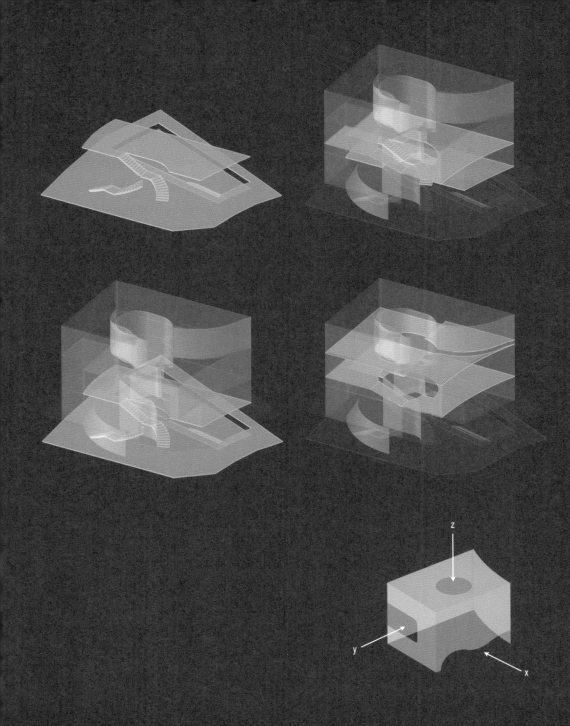

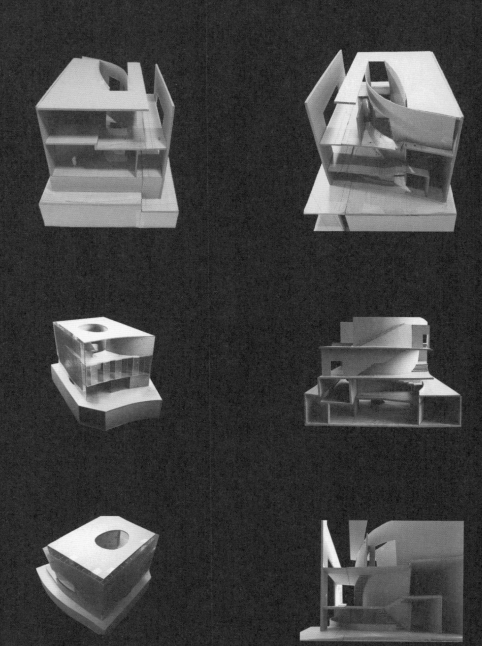

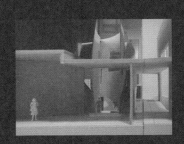

2 안으로부터의 풍경

서울 북 인스티튜트(SBI)

주엽동 성당

대구 대교구 100주년 기념 성당

온누리 교회 하용조 목사 기념관

미메시스 아트 뮤지엄

〈안으로부터의 풍경〉은 건축 안에서 보이는 바깥의 풍경만을 의미하지
않습니다. 이용자로 하여금 건축 안에서 어떤 것을 경험하게 할
것인가에서 시작하는 공간의 서사라고 할 수 있습니다. 대지 주변의
풍경이나 조건이 건축의 전체 어휘를 결정짓는 〈밖에서 시작되는
풍경〉(3장)과는 접근 방식의 출발점이 다른 것이죠. 물론 안과 밖에서
시작된 관점들이 만나기 시작할 때 비로소 설계가 완성되어 갑니다.

관찰자의 움직임에 따라 달라지는 공간감과 분위기를 전적으로
건축가가 의도하거나 강요할 수는 없습니다. 하지만 내부로 들어오는
빛과 그림자, 천장의 높낮이, 문과 창의 위치, 열리고 닫힌 공간의 배열 등
수많은 건축 내부 요소들은 건축가의 상상에서 출발하여 지어지고 공간에
들어선 이의 각기 다른 체험으로 완성되는 긴 대화가 아닐까요.

이베레 카마르구 재단 Fundação Iberê Camargo 　　알바루 시자

브라질 포르투 알레그리, 전시 시설, 1999

최근에 시자 선생님이 브라질에서 완성시킨 작품입니다. 포르투
알레그리라는 브라질 남단 도시의 해변가에 있어요. 브라질의 유명한
화가 이베레 카마르구Iberê Camargo를 기념하는 곳인데, 조금은 특이한
모습이죠? 바다와 접해 있는 건축물인데 바다 쪽으로 팔들이 에워싸듯
나와 있고 그 팔들에는 바깥을 볼 수 있는 창호들이 바다를 일부러
가리고 조그마하게 나 있습니다. 의도인지 건축을 완성해 가는 과정
중에 자연스럽게 구현된 건지는 모르겠지만 이전의 바다 수영장인 레사
다 팔메이라와 비슷하죠. 수영장에서는 시각적으로 바다를 차단시키며
소리로 느끼게 했다면, 이곳은 외부와 소통되는 창호가 몸체를 감싸는
팔뚝에 점처럼 나 있어 시각적 소통이 매우 절제되어 있습니다. 실내에
들어와서야 건물의 몸체 부분과 팔 부분의 관계를 알 수 있습니다. 그
팔은 바다를 향한 채 층과 층을 잇고 있었습니다. 즉 층을 옮겨 가는
동선상에서 조그마한 창을 통해 바다를 보게 됩니다. 팔 내부에서 바다를
내다 보는 장면의 사진을 보면 바다가 더욱 소중히 다가올 것 같은
느낌입니다.

　　　　시자를 가리켜서 많은 건축 평론가들이 〈시적인 건축가〉라고
합니다. 선생님과 관련된 책들마다 작품에 〈시적〉이라는 표현을 달고
있었어요. 한 예로 하버드 대학 출판에서 나온 시자의 책 『알바루
시자: 형태와 배치Alvaro Siza: Figures & Configurations』를 보면 한 페이지에는
시자의 작품을, 한 페이지에는 페르난두 페소아Fernando Pessoa, 루이스 드
카몽이스Luís de Camões의 시를 한 편씩 넣었어요. 페이지를 넘기면 시자의
작품이 있고, 그 옆에 작가들의 시가 있는 거죠. 시를 읽다 보면 옆의

시자의 작품이 자연스럽게 연상됩니다. 그런데 그 연상 작용 때문에 그의 프로젝트가 시적이라고 말할 수 있을까요? 그렇게 건축의 표현이 시의 구절과 유사하다면 오히려 시적 건축이라는 표현과는 거리가 멀어질 거예요. 시적인 건축이란 무엇일까요? 이에 대해 시자 선생님과 이야기를 한 적이 있습니다. 그에 대한 시자 선생님의 대답은 이러했습니다. 〈바닷가에 있는 두 채의 다른 집을 상상해 보라. 첫 번째 집은 리처드 마이어Richard Meier가 설계했을 법한 미국 동부의 어느 바닷가에 면한 집이다. 집이 바다를 가리고 서 있기 때문에 입구로 들어갈 때는 바다가 안 보이다가 복층으로 되어 있는 리빙룸에 들어가면 전창을 통해 온통 바다가 시야 가득 들어온다. 그렇게 바다가 펼쳐진 리빙룸 바닥에는 하얀 카펫이 깔려 있고, 한쪽에는 벽난로가 있다. 그 공간에 들어오는 이마다《와!》하며 함성을 지를 것이다. 그런데 그 안에서 한 시간이 넘게 앉아서 와인을 마시고 커피를 마시며 시간을 보내면 처음에 바다를 보며 감탄했던 마음은 어떻게 될까? 감흥이 다 시들어 있을 것이다. 또 다른 공간은 아일랜드의 어느 낭떠러지 앞이다. 폭풍우가 치는 날 양치기들은 움막 같은 그곳을 피난처 삼아 양떼를 들여보내고는 푹풍우가 가라앉길 기다릴 것이다. 그 움막 안에서는 요란스런 폭풍우를 소리로만 느낄 수 있다. 만약 그곳에 바람이 드나드는 숨구멍이 하나 있다고 해보자. 아마 그 양치기는 거기에 매달려서 바다를 볼 것이다. 양치기에게 그 바다는 어떤 느낌일까? 신기한 바다, 보고 싶은 바다, 궁금한 바다일 것이다. 두 건축물 중에서 시적인 건축물이 있다면 어떤 것이겠는가?〉 후자가 그렇겠죠. 그런데 우리는 어디에 살고 있죠? 전자에 살고 있고 그것을 바닷가에 가장 적당한 건축물로 여깁니다. 일반적으로 그게 맞는 답이라고 가르치고요. 시자 선생님과의 대화 중에 문득 이런 생각이 들었습니다. 〈지금 이 시간에 인지되어 내 안에 자리잡는 의식들이 맞는 것일까? 길들여져 있는 건 아닐까?〉

인기 있는 TV 예능 프로그램들을 보면 본인들이 계획하지 않은 돌발 상황 같은 것들이 나오죠. 하지만 사실은 치밀한 계획에 의해 짜인 것들입니다. 심지어 우리는 그 장면이 짜인 상황이라는 것도 알죠. 이런 모순적 상황들에 우리는 질문이라도 해야 합니다. 그러면서 내 안에 존재하는 나만의 고유성을 깨달아 가는 것이 아닐까요.

안으로부터의 풍경

층과 층을 잇는 팔 부분의
내부. 창을 통해 바다를
볼 수 있다.

휴머니스트   김준성

대한민국 서울, 근린 생활 시설, 2011

이제 소개하는 건축은 서울 연남동에 있는 휴머니스트라는 출판사의
사옥입니다. 대지는 104평입니다. 사무실로 쓰던 2층짜리 단독 주택을
철거하고 사옥을 지은 것입니다. 당시 현황 법규를 따져 보니 2층을
개조해서 쓰는 것이 더 큰 면적을 사용할 수 있었습니다. 신축할 경우
면적이 얼마 안 나온다고 건축주에게 전하니 그렇다면 지하 2층까지
지어 달라고 하였습니다. 알고 보니 공간을 이용하는 데에 출판사 경영
이외에도 다른 목적이 있었습니다.

        홍대 앞 부근인 이곳은 파주출판도시에 이어 두 번째로 출판사들이
많이 모여 있는 곳입니다. 대부분이 소규모 출판사들이고, 젊은 느낌이죠.
이들이 서로 도움이 되는 교육 프로그램을 함께 운영하면 좋겠다고
의견을 모은 겁니다. 공동의 주제를 가지고 각각의 출판사 건물에서
교육을 하는 거죠. 돌아가며 혹은 동시에 프로그램을 진행하는 도심형
학교였고, 휴머니스트 건물에 그 첫 번째 강의실을 만들고 싶다는
것이었어요. 비록 대지가 100평밖에 안 돼서 우선 70여 명 정도 수용하는
강의실을 계획할 수밖에 없겠지만 뜻을 같이하는 출판사 대표들이 두세
명 더 있으니 앞으로 강의실 서너 개를 더 만들 수 있다고 하였습니다.
소박하지만 현실적이고 진보적인 아이디어이지요.

        건축물 자체는 이웃에 열려 있어야 하는 태생적 조건을 지닌
곳이었습니다. 그런데 막상 설계된 건축물은 토네이도 하우스와 비슷하게
내부 지향적인 건물이 되었습니다. 밖에서 봤을 때는 무덤덤한데
내부로 들어서면 자신만의 고유한 세상을 품고 있죠. 들어오는 입구에서
중정까지는 반 층의 차이가 있습니다. 토네이도 하우스와 유사한

주차장을 통해 입구로
들어오면 계단참이 있다.
왼쪽으로 반 층 내려가면
작은 카페 공간이 있고,
오른쪽으로 반 층 올라가면
사무 공간이다.

어휘예요. 계단참이 이 건물의 출발점이라는 것도 닮았어요. 주차를 하고 입구를 지나 반 층 내려오면 작은 카페가 있고 그리고 반대 방향으로 반 층을 올라가면 2층의 출판사 업무 공간이 나옵니다. 거기서 브리지를 통해 반 층을 더 올라가면 또 다른 문이 있고요. 반 층씩 서로 맞물리는 스킵 플로어라는 형태입니다. 입구에서부터 반 층 올라와 처음 보이는 업무 공간에는 외부 일정이 많은 영업팀들이 있고, 브리지를 지나 조금 더 조용한 곳에는 편집, 디자인팀이 자리 잡습니다.

　　이 건물의 주목해야 할 것은 진입부에 연결되어 있는 작은 카페예요. 테이블을 서너 개밖에 못 놓는 작은 공간입니다. 처음엔 직원들의 휴게 공간 또는 손님을 맞이하는 공간을 생각했죠. 그러다가 그 동네에 유명한 음악 카페가 기존의 건물이 헐리게 되면서 이사를 오게 되었어요. 그러다 보니 공간이 비좁아져서 계단식으로 된 앞마당을 적극적으로 사용할 수밖에 없어졌습니다. 그 계단 마당은 하늘을 향해 열려 있는 외부입니다. 이 외부의 계단식 마당은 실내 강의실의 연장이기도 하고 극장이나 사인회, 미니 콘서트 장소로 쓰이는 등 소통의 장소이기도 합니다. 1층의 카페와 지하 1층의 갤러리는 바로 이 계단식 마당을 두고 서로 긴밀하게 연결돼요. 그래서 이 계단식 마당은 카페의 영역이 되기도 하고 전시 장소의 영역이 되기도 하는 등 상황에 따라 용도 구분이 자유롭습니다. 경계가 없는 거죠. 필요에 따라 영역이 섞이고 확장될 수 있는 개념으로 배치되었습니다. 마당은 지하 2층까지 깊게 내려갑니다.

　　바로 옆 이웃과의 사이인 1미터 폭의 공간에는 대나무를 심었습니다. 사실 여기에 음악 카페가 들어오리라고는 상상을 못 했는데 막상 들어오고 나니까 소음에 대한 민원이 많이 들어왔습니다. 그래서 소음과 시야를 차단할 목적에 키 큰 대나무를 심었는데 그것만으로는 부족했습니다. 나중에 유리 커튼을 설치했어요. 하지만 이웃과 갈등이

심했는지 결국 카페는 다른 곳으로 이사를 했습니다. 한 2년간 새벽까지
사람들이 모이는 연남동의 명소였어요. 영화를 상영하고 인디 밴드들이
와서 연주도 했으니 이웃에서는 골칫거리였겠지요. 하지만 무엇이 우리가
도시에 산다고 말할 수 있는 요소들일까요. 새벽 2시에 파자마를 입고
담배를 사러 나갈 수 있는 삶이 도시에서의 삶이자 낭만이지 않겠냐고
어느 글에 쓴 적이 있습니다.

　　계단식 마당 아래의 지하 2층에는 총 70석 정도가 되는 강의실이
있습니다. 주로 강의를 열거나 신간이 나오면 작가와 만나는 장이
됩니다. 그 밑에 기계실이 있습니다. 기계실은 장비들 때문에 절대적인
충고가 필요해요. 어쩔 수 없이 강의실 공간의 경사가 급해졌는데 뜻하지
않게 다들 좋아해 주셨습니다. 작가들과 관객이 1대1로 이야기하는 듯
거리감이 가깝다고요.

　　프로젝트를 하면서 스터디용 건축 모형을 몇 개씩 만드는데
어떨 때는 부분 모형으로 10여 개 이상 만들기도 합니다. 휴머니스트도
스케일별로 여러 개를 만들었습니다. 계획상 변화가 생겼을 때 다시
모형으로 확인해 봐야 하는 경우가 있어요. 가장 중요한 과정이지요.
어떠한 재료나 스케일로 변경할 것인지 또한 디테일에서 어떤 변화를 줄
것인지 고민하는 상황에서 만듭니다.

　　휴머니스트는 시공의 완성도 면에서 제가 원하던 만큼 쫓아오지
못해 마음 고생을 많이 했어요. 많은 사람들이 제가 좋아하는 토네이도
하우스에 대해 얼마나 만족하느냐고들 묻습니다. 사실 그렇게 좋아하는
프로젝트도 60점을 못 넘어요. 그러니 휴머니스트 프로젝트의 만족도를
점수로 매긴다면 그보다 훨씬 못 미칩니다. 건축을 하는 사람의
입장에서라면 그 누구도 자신의 프로젝트에 후한 점수를 주기 힘들지
않을까요. 완성이 된 직후에는 다시는 보고 싶지가 않을 정도입니다.
원했던 것의 40퍼센트도 성립이 안 되는 프로젝트를 누가 다시 보고

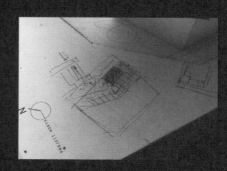

싶을까요. 그런데 한참 시간이 지난 뒤 다시 보면 완전히 다른 관점으로 볼 수 있습니다. 시간이 지난 지금 가서 보면 훨씬 나아 보여요.

　　창호 위의 나무로 된 스크린은 다 움직입니다. 원래는 대지가 104평인데 옆으로 길이 나 있어 건축법에 맞추어 모퉁이를 깎고 거기에 나무를 심다 보니 실제 대지 면적이 99평으로 줄었어요. 5평이 없어진 거죠. 그래서 잃어버린 땅에 문짝이라도 매달아야겠다면서 모퉁이의 5평 땅 위로 슬라이딩이 되는 스크린을 만들었는데, 농담으로 한 말이었지만 실제로 작동이 되게 되었습니다.

지하 2층의 강의실.

미메시스 아트 하우스

김준성

대한민국 서울, 공동 주택, 2006

미메시스 아트 하우스는 도심 속에 있는 건축물로, 150평과 200평의 두
개 필지를 합쳐 지은 다가구 주택입니다. 이 지역은 법규상 3층까지밖에
못 짓게 되어 있어요. 또한 평창동에 있는 대부분의 집들은 대지 고저의
차이 때문에 바로 도로와 같은 레벨에서 지하 주차장으로 연결되고
계단실을 통해 지상으로 이동하는 방식을 씁니다. 미메시스 아트
하우스도 마찬가지로 길에서 바로 지하 1층으로 들어오면 주차장과 근린
생활 시설이 있어요. 다만 그 지하 공간이 후면의 경사지와 이어져 있어
흡사 지상의 마당처럼 느껴집니다. 하지만 법규상으로는 지하이고, 그
위로 골목길과 작은 마당 같은 계단들이 이어져 있습니다. 이 건물은
지하와 1층에는 사무 공간, 2~3층에는 각 4세대씩 총 8가구가 사는
다세대 주택으로 되어 있어요. 동선이 조금 복잡하기도 하고 특이하기도
하죠. 계단이 몸체에 새겨진 듯한 모습이에요.

　　　　처음 설계를 시작했을 때에는 전혀 다른 안이었습니다. 다가구
주택으로 시작했다가 후에 다세대 주택으로 프로그램이 바뀌면서 형태도
달라졌습니다. 비슷한 명칭이지만 실제로는 차이가 있어요. 다가구
주택은 건축법을 따르는 단독 주택의 한 소분류입니다. 가구별로 임대만
가능하죠. 다세대 주택은 주택법을 적용받고 세대별 분양이 가능해요.
하지만 동간 이격 거리의 제한을 받는다는 게 가장 큰 이슈였지요.
초기의 형태를 유지하면서는 다세대 주택으로 지을 수는 없었습니다.
형태가 많이 바뀌어야 하는 상황이었고 여러 번 계획 안을 바꾸는
과정을 겪었습니다. 결국은 건축주가 같은 미메시스 아트 뮤지엄의
형태를 기본으로 다시 설계를 시도하게 됩니다. 형태를 가져온다고 해도

프로그램이 다르니 전혀 다른 공간이 만들어질 것이었습니다. 둥근 중정의 형태가 이격 거리 문제를 빠져나가는 실리적인 디자인 요소가 되기도 했습니다. 대개 초기 디자인 과정에서는 손으로 만든 다양한 스케일의 모형과 동시에 스케치업이라는 프로그램으로 만든 3D 모델링을 함께 보며 작업합니다. 특히 이 프로젝트에서는 그 두 방식의 장점이 적절하게 활용되었습니다.

이 건물은 계단실이라는 닫힌 공간이 없습니다. 대신 골목길이 건물 안에 있죠. 계단으로 쭉 이어지는 골목길들의 풍경이 건물 내부에서 펼쳐집니다. 북촌 같이 경사가 심한 지형에 있는 옛 동네들 방식의 연장이라고 보시면 됩니다. 꽉 막힌 실내 계단실과 복도를 지나 현관에 이르는 일반적인 동선과는 다르죠. 종종 배달하시는 분들이나 처음 오시는 분들이 호수를 못 찾아 건물 안에서 헤매는 경우도 있어요. 어디 찾으시냐고 묻고 길을 알려주는 순간도 나름대로 재미있어요. 맨 꼭대기인 3층의 복도는 비도 오고 눈도 쌓이도록 하늘을 향해 완전히

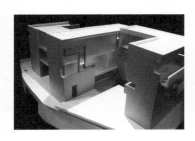
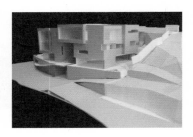
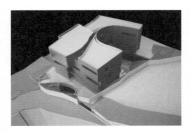
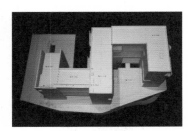

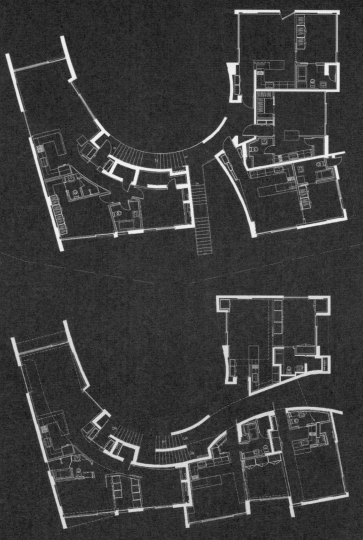

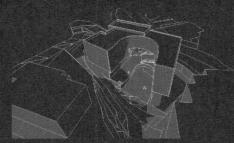

도로에 면하는 앞쪽과 자연을
만나는 뒷쪽이 직선과
곡선으로 다르게 설정되어
있어 길에서 보이는 건물과
내부의 풍경이 확연히 다르다.

개방되어 있었으면 좋겠다고 생각했어요. 그러나 사용자의 입장에서는
아마 불편하겠죠. 그래서 유리로 지붕을 씌웠는데 완전히 폐쇄된 것은
아니어서 바람이 통합니다. 도시가 가지는 이웃 생활의 문화와 뒤편의
자연적인 요소가 건축과 통합되며 형태가 잡힌 경우입니다.

　　포르투갈의 건축 사진작가 페르난두 게하Fernando Guerra가 찍은
사진들을 보면 찍는 사람의 감성에 따라 사진도 달라진다는 것을 알 수
있습니다. 게하는 대부분 사람을 꼭 넣어요. 사람이 공간에 개입될 때까지
기다렸다가 찍어요. 원래 건축 설계를 했던 사람이라서 머릿속에 대략
어느 시간대에 어디를 찍으면 좋겠다고 입력을 해놓는 것 같아요. 어떤
뷰를 고정하고 찰칵 찍는 게 아니라 보통 새벽부터 와서 해가 떨어질
때까지 그 공간 안에서 종일 지내며 슬슬 걸어다니다가 순간순간 사진을
찍어요. 긴 준비 끝에 포착하는 순간의 사냥꾼 같은 그 사진들의 느낌이
참 좋아요.

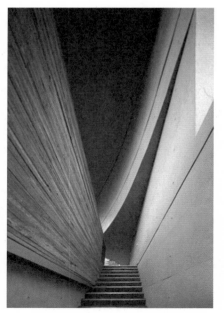

1층 데크에서 진입부 쪽을
바라본 모습과 길에서
진입하는 열린 계단.

하산 운동 주택

김준성

경기도 성남, 단독 주택, 2014

해운업을 운영하는 한 회장님이 주택 설계를 의뢰해 왔습니다. 집의
성격은 게스트 하우스에 가까워요. 세 팀을 초청해 각각의 제안을 받아
보고 최종 결정하기로 한 초청 설계 경기 형식이었습니다. 대지는 300여
평이었습니다. 주택으로는 상당히 큰 면적이고 주변 경관과 조건이
이전의 프로젝트들에 비해 상대적으로 매우 양호했습니다.

　　각기 다른 크기의 마당 세 개를 갖는 주택을 구상했습니다. 전정과
중정 그리고 후정의 개념이지요. 제가 좋아하는 한국적인 마당의 풍경을
번역하고 싶었습니다. 건축주가 굉장히 낯설어 했는데 그 낯섦 때문인지
우리 팀의 안이 끝까지 고려 대상이었죠.

　　주택은 크게 세 채로 나뉘는데 다른 채로 가려면 필연적으로
밖으로 나가야 했습니다. 그러한 제안들도 신기하다면서 좋아해
주었습니다. 이 프로젝트는 한국과 일본의 서로 다른 마당의 모습에서
출발했습니다. 우리의 마당은 꼭 비워 놓습니다. 큰 자연을 마당에 가두지
않겠다는 철학이 담겨 있어요. 자연을 즐기기 위해서는 적당한 거리가
필요하다는 것이 우리 나라 조경 개념의 기본입니다. 일본의 정원은
자연을 그 안에 담아 마치 우주를 미니어처로 만들어 놓는데, 우리는
지금 일본식 정원에 익숙합니다. 비워 놓는 마당은 현대식 주택에서는
찾기가 힘들어졌어요. 그리하여 이 프로젝트에 〈비워 놓는〉 마당을
제안했습니다. 그 대신 아늑하고 우리 눈에 익숙한 작은 녹색 마당을
거실과 식당 사이에 조그맣게 따로 배치하였습니다. 바로 옆에 가까이
놓고 즐길 수 있는 정원이 하나 더 있는 셈이죠. 그렇다고 먼 발치에서
바라볼 수 있는 비워진 정원이 그리 대단한 것은 아닙니다. 하지만

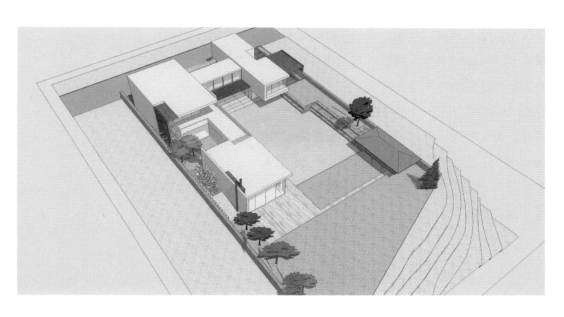

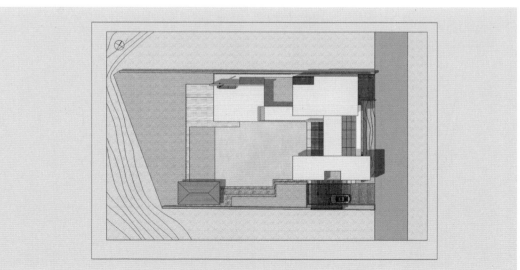

그런 마당이 줄 수 있는 또 다른 감성의 깊이가 이 프로젝트의 핵심
어휘였습니다. 그리고 그 어휘는 어떠한 조정 속에서도 꼭 지켜야 한다는
생각이었습니다.

　　이 집은 설계 초기 단계에서 끝이 났습니다. 설계비를 조정할 때
다른 팀들에 비해서 상대적으로 과도하다는 것이 그쪽의 의사였어요.
사실 설계비는 어떻게든 해결이 되는데 이런저런 과정을 겪으면서
이분들이 진심으로 우리의 제안을 이해하고 존중해 줄 수 없음을
감으로 깨달았습니다. 결국에는 문제가 생길 것 같아 슬며시 도망 나온
케이스였어요. 초기의 도면에서는 이상적 공간들이 몇몇 숨어 있어요.
들어가면서 전정으로 흐르는 물의 정원이 있고 그리고 더 큰 정원과 긴
회랑 등의 공간이 있죠. 언제 다른 기회가 되면 이 어휘들은 꼭 실현해
보고 싶습니다.

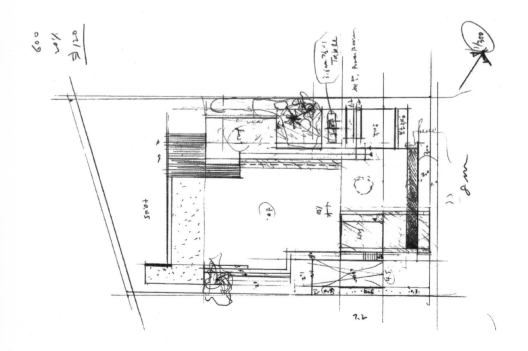

안으로부터의 풍경

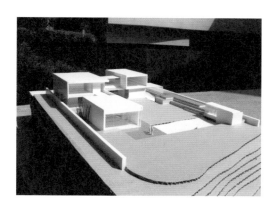

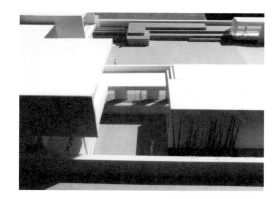

양지 발트 하우스

김준성

대한민국 용인, 단독 주택 단지, 2005

용인 양지에 위치한 타운 하우스인 발트 하우스입니다. 건축가,
실내 건축가 등 소위 대중에게 알려진 디자이너 5명이 각자 구역에
주택 단지를 설계하는 프로젝트였어요. 저희가 맡았던 구역은 면적이
큰 집들 16채가 있는 모여 있는 가장 안쪽에 위치한 경사지 단지인데
그래서인지 유독 저희 것만 안 지어졌어요. 그 당시는 주택 건설 경기가
안 좋아서 적정 수준의 작은 집들은 분양되었지만 큰 집들은 잘 안 되던
시기였습니다.

여러 주택 타입을 제안했습니다. 대지 여건상 다양한 유형이 생길
수밖에 없었어요. 총 16개 집으로 이루어지며 주변의 자연 가까이에
자리 잡습니다. 단지 바깥쪽으로는 상당한 경사가 있는 조건이었습니다.
계획의 주안점은 〈마을 전체가 이용하는 공동의 마당〉입니다.
공동 주택의 경우 보통은 각자의 마당을 가지도록 필지를 나누는데,
이곳에서는 도로가 포함된 제법 큰 오픈 스페이스를 공동 마당으로
설정하였고, 반대편으로는 경사지에 개별적 조경 공간을 주어 공동체로써
이상적인 교외 주거지 타입을 제안했습니다.

지형에 따라 총 6개 타입의 주택으로 구성하였습니다. 초기
디자인 과정에서는 이것저것 생각나는 대로 많이 열거한 다음 팀원들과
대화를 통해 가능성이 있는 것들을 점점 추려 갔습니다. 확신이 왔을
때에는 도면과 모형 작업으로 옮겼습니다. 집 두 채가 같이 있는
경우도 있었습니다. 두 집을 붙여 놓고 그 사이로 공동의 길을 만들고
반대편으로는 조금 더 넉넉한 자연이 통과하는 개인 정원 공간을 두는
아이디어입니다. 하지만 이런 안은 여러 현실적 여건을 이유로 채택이

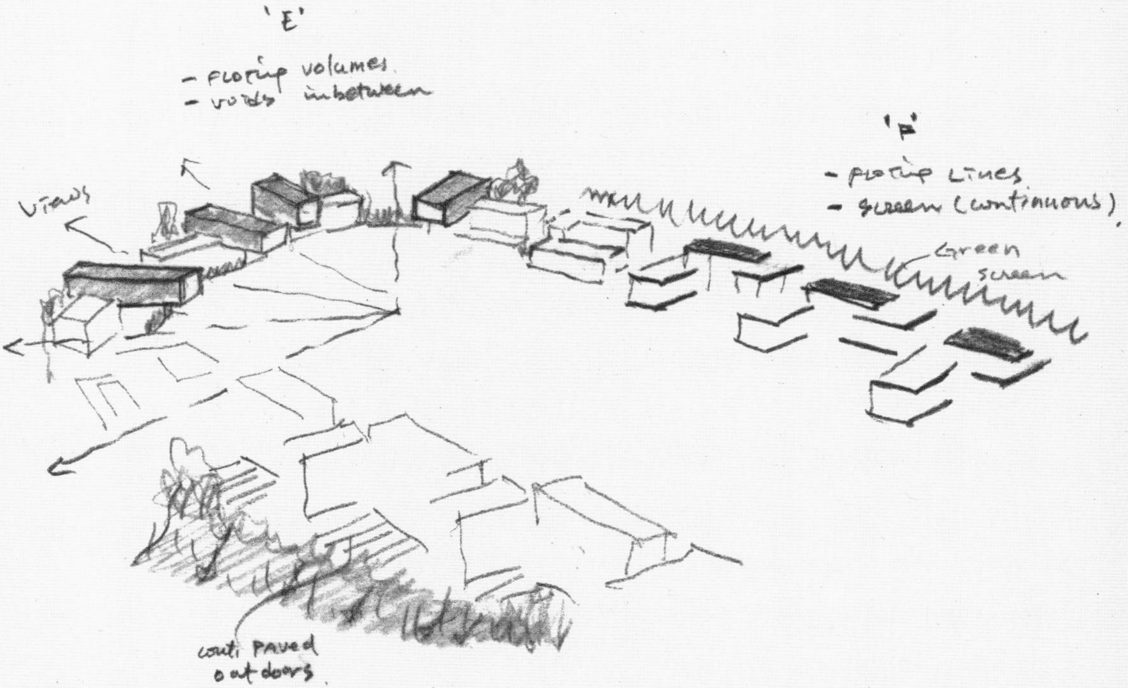

'E'
- floting volumes.
- voids inbetween

'F'
- floting lines
- screen (continuous)

Green
screen

Views

conti paved
outdoors.

안 되기 쉽죠. 개발 사업, 분양 사업을 하시는 분들은 늘 신선한 걸
원합니다. 새로운 걸 보고는 일을 진행시키지만 후반 단계에 마케터들이
참여하게 되면서부터는 전혀 다른 논리와 자세가 지배합니다. 새로운
것은 새로운 것으로 끝나지 결코 소비자들에게 선택을 받을 수 없다는
것이죠. 소비자들을 핑계로 익숙하고 안전한 안이 현실적이라는 주장을
해요. 저는 그때마다 소비자들을 경시하는 것 같다는 느낌을 지울 수가
없어요. 토네이도 하우스나 일본의 오피스 인테리어들을 이야기하면서
건축주들이 얼마나 깨어 있는지 느꼈던 경험들을 말씀드리며 새로움을
이해시키려 했어요. 이 프로젝트는 사업상 안전만을 좇는 일방적인
개발과는 다르게 디자이너의 의도를 많이 반영시키려 했던 것 같습니다.
　　　다양한 경사의 비탈이 있는 대지를 위한 주택 모형을
만들었습니다. 내부와 외부의 경계로써 다른 중정을 만들어 내려는
아이디어가 읽힙니다. 이 프로젝트에서 중요한 것은 경사진 곳에 개별
집들의 마당을 위치시켜 원래의 지형을 최대한 지키도록 했고 실제
행위가 일어나는 마당은 마을 전체가 공유하려고 했다는 점입니다. 제일
안쪽 경사가 심한 곳에도 집을 하나 두었는데 같은 타입 안에서도 개별
필지의 상황에 따라 조금씩 변형이 되는 모습이죠. 심한 경사지에 위치한
ㄱ자형 집인데 언젠가는 꼭 실현시켜 보고 싶어요.

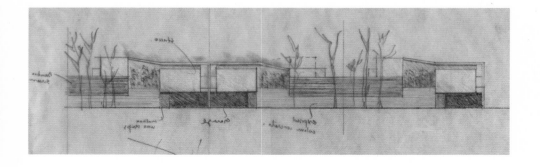

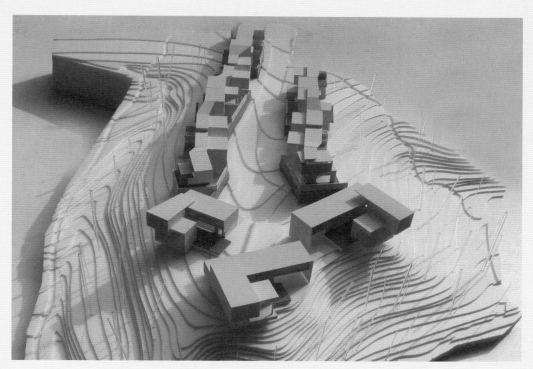

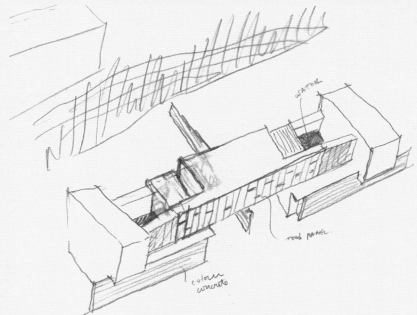

WATER

ROAD PANEL

colour
concrete

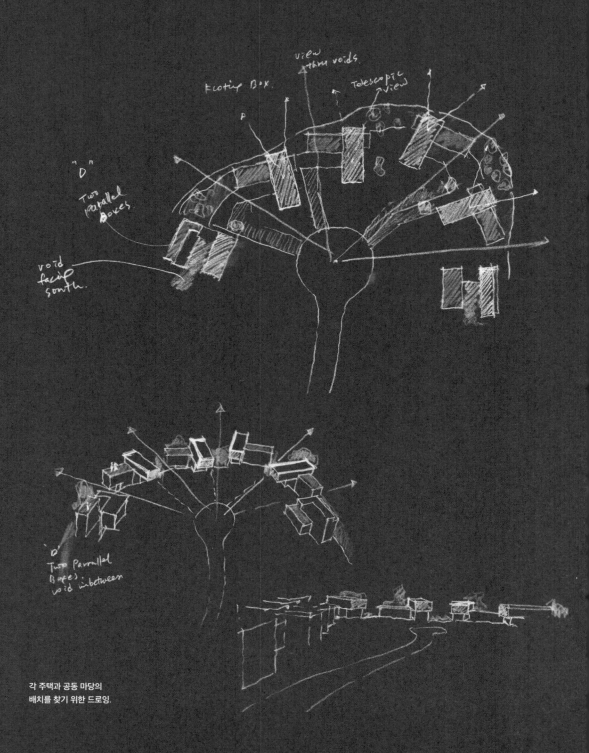

각 주택과 공동 마당의
배치를 찾기 위한 드로잉.

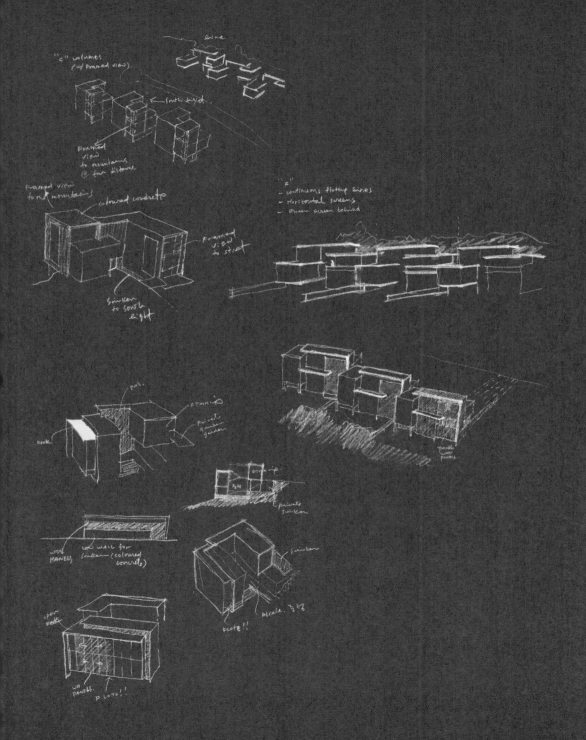

"c" volumes
(w/ framed view)

← (north light)

Framed
view
to mountains
@ far distance

Framed view
to n.W mountains?

coloured concrete

Framed
view
to street

Sunken
to south
light

F"
- continuous flattop lines
- horizontal screens
- green screen behind

atrium
Pocket
tumber
garden

path

Deck

E private
sunken

wood wall for
sunken (coloured
concrete)

wood
PANELS

Sunken

scale: 3 x 8

open deck

slate!!

wd panels.

If Loto!!

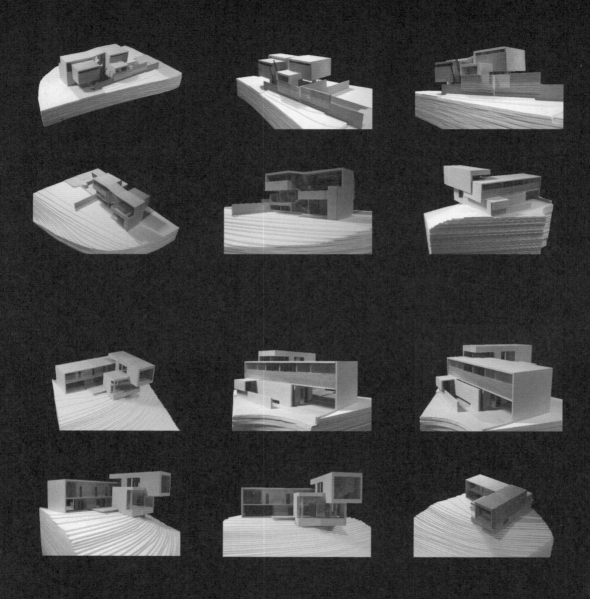

주택 타입 모형. 개별 필지의
상황에 따라 형태가 다르다.

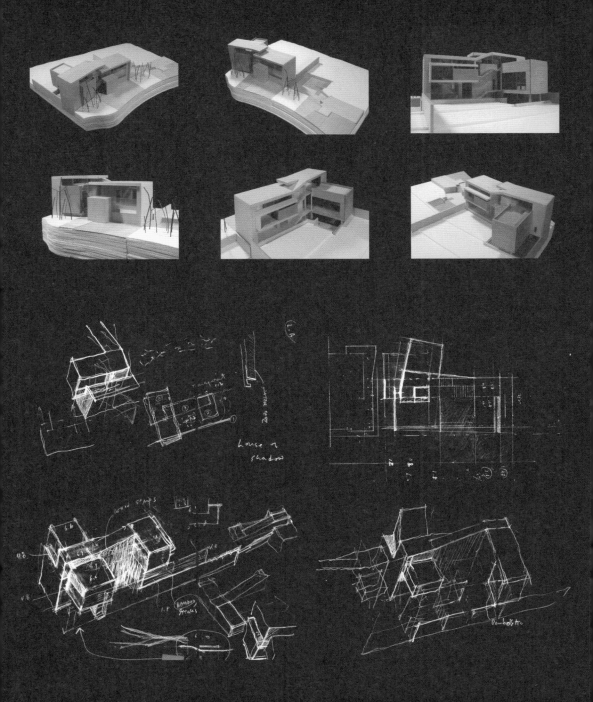

P 화랑

김준성, 서혜림

대한민국 파주, 전시 시설, 2003

한때 대한민국에서 활발한 활동을 하셨던 여성 건축가 중 서혜림
선생님이 계십니다. 그분과 3년 동안 공동 작업을 했습니다. 프로젝트에
따라서 각자 또는 함께 작업했는데, 이 프로젝트는 같이 작업한
경우입니다.

헤이리 중앙에 갈대로 가득한 습지가 있습니다. 그 바로 옆에 있는
땅이었고 프로그램은 〈화랑〉입니다. 화랑이 세 개의 몸체로 나뉘는데
그 이유는 사이사이에 마당을 가지기 위해서입니다. 3D 모델링을 보면
중앙 마당에서 지붕까지 외부 계단과 작은 마당들로 공간이 연결됩니다.
또 다른 그라운드가 프로젝트를 통해서 생성되는 아이디어입니다. 초기
모형엔 갈대를 표현한다고 스태프들이 빗자루를 잘라 붙이더라고요.
나름 잘 어울리지요? 저는 실제에 가까운 모형보다 이런 모형에 더
마음이 갑니다. 전체적으로는 추상적인 모습이지만 전달해야 할 메시지가
분명하죠. 평면은 많이 복잡해 보이는데 내부와 외부의 관계에 초점을
맞추어 공간을 구성했습니다. 습지를 향해 나 있는 액자 같은 창호는 화랑
안에서 밖의 경치가 또 다른 작품으로 전시된다는 의미였습니다. 최종의
모형은 나무로 만들었는데 아직도 저희 사무실에 들어오면 제일 먼저
보이는 자리에 있어요. 지금은 상당히 낡았지만 나이 들어가는 모습이
어딘지 모르게 정겹습니다.

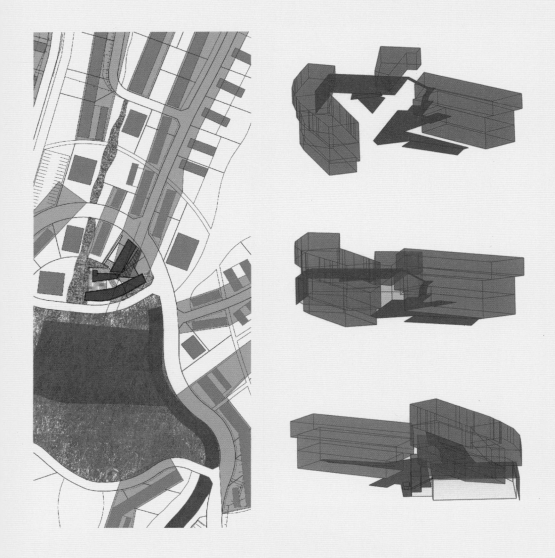

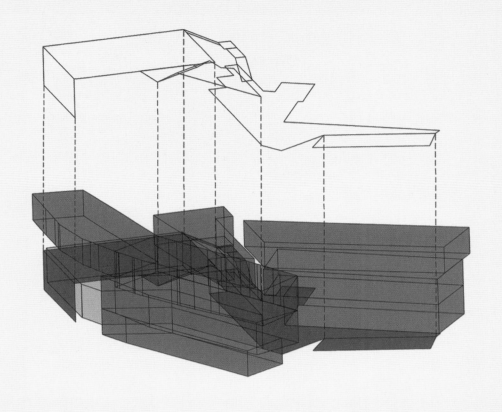

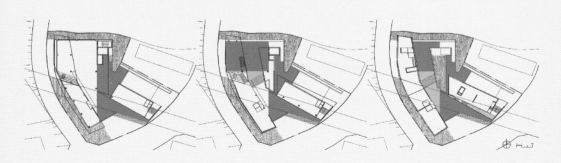

건물의 사이에서부터
지붕까지 마당으로 이어진다.

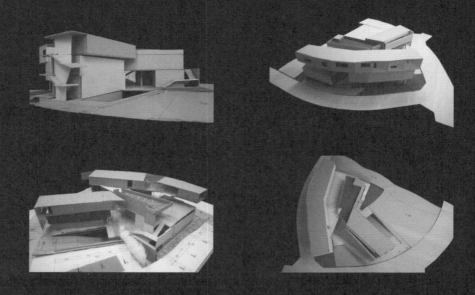

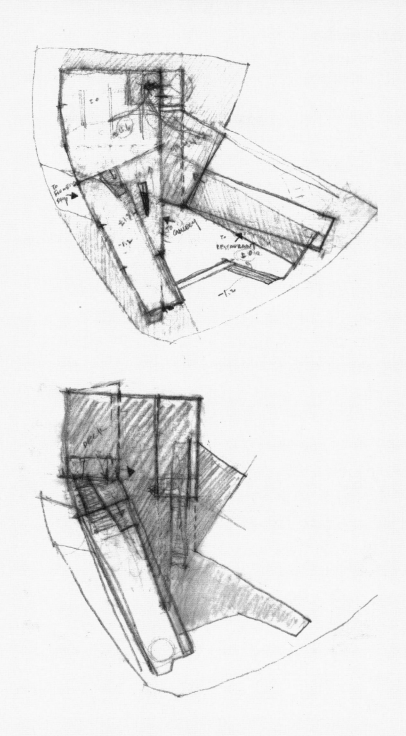

서울 북 인스티튜트(SBI)　　　　　　　김준성

대한민국 서울, 근린 생활 시설, 2004

SBI는 휴머니스트 사옥에서 멀지 않은 곳에 위치한 출판인들을 위한
또 다른 건물로, 한국출판인회의에서 교육관으로 지은 것입니다. 이
건물이 지어진 계기는 열린책들의 대표이자 미메시스 아트 뮤지엄
관장인 홍지웅 대표가 제3기 한국출판인회의 회장이 된 것이라고도 볼 수
있습니다. 그분은 사업적 아이디어가 많은데다가 행동파이기까지 합니다.
그분이 회장이 되던 해에 정부에서 5억 원 정도의 지원금을 받습니다.
그리고 그해 말까지 교육용 기자재, 프로그램 등에 써야 했습니다. 단,
건물의 공사비로 쓰이면 안 되었습니다. 건물은 없는데 기자재를 살
돈부터 생긴 셈이죠. 그때부터 저희와 부지를 보러 다녔습니다. 4월부터
12월까지 부지 선정부터 완공까지 마쳐야 하는 프로젝트이니 정말 짧은
시간이었죠. 어찌 됐든 정부 지원금으로 마련한 물품들이 12월 말에는
완성된 교육원에 들어가 있어야 했습니다. 뜻을 같이 하는 여러 출판사
대표들이 지분 투자식으로 건축비를 내놓았고, 그때부터 땅을 사고
건물을 올렸습니다. 평면을 그리자마자 현장에서 땅을 팠습니다. 건설은
또 다른 출판사 대표가 설립한 건설사에서 맡았습니다.

　　20여 년 동안 서울에서 가장 추웠던 겨울이었습니다. 일정에,
날씨에 게다가 공사에까지 어려움이 많았습니다. 저희는 저희대로, 시공
팀은 시공 팀대로 많은 갈등과 오차들이 있었어요. 지금 생각해 보면 정말
피투성이인 채로 끝났던 것 같습니다.

　　86평의 땅에 건폐율, 일조권 등을 적용하고 나면 건물을 똑바로
올리기도 힘든데, 조금은 특이한 형태로 공간 구성에 변화를 주었습니다.
또한 주변에 열린 시설이라는 느낌을 주기 위해 입구는 비워 두었습니다.

그리고 그 비워진 공간을 선큰Sunken으로 설정하여 깊이감이 배가
되도록 했습니다. 느낌이 꽤 괜찮아요. 항상 강조하는 것은 관찰자의
움직임에 따라 변화되는 공간들인데 안과 밖이 다른 것, 말하자면 〈다른
디멘션으로의 초대〉라고나 할까요. 상대적으로 압축하거나 연장하는
의도적인 공간의 왜곡이 건축이 할 수 있는 고유한 영역이자 질문이라고
생각했습니다. 이 건물에 들어올 때는 또 다른 사고를 할 수 있는 계기를
마련하고 싶었습니다. 어깨에 메고 있던 무거운 일상들을 어느 순간
내려놓고 새로운 사고를 하도록 자극을 주는 것이죠. 그런 서늘함이
있었으면 좋겠다라는 생각을 자주 합니다. 현실적으로 제한들이 많은
상황에서 건축비가 더 들었습니다. 물론 건축주에게는 그만큼의 고통
분담도 가는 만큼 이런 건물을 허락하는 분들도 보통은 아닙니다. 그런
조건들을 다 받아 준 것에 대해 홍지웅 대표에게 감사한 마음입니다.
현재는 사용하다 보니 공간도 부족해지고 여러 이유들로 조금 변형을
가했다고 들었습니다만, 어쨌든 이곳은 상상이 거주하는 빈 공간입니다.
100평도 채 되지 않는 땅에서 공간의 효과를 어떻게 하면 극대화시킬까
많이 고민했던 프로젝트입니다.

안으로부터의 풍경

주엽동 성당

김준성, 범건축

대한민국 고양, 종교 시설, 2001

건축가들이 가장 신경 쓰며 연출하려는 것이 있습니다. 빛입니다. 빛만 잘 다뤄도 90퍼센트는 성공했다는 말이 있을 정도입니다. 그리고 유독 빛에 민감한 건물이 바로 종교 건축입니다. 종교 건축은 빛으로 설계하는 것과 다름 없어요. 빛이 지닌 무게감은 꽤 큽니다. 이제부터 빛에 반응하는 내부의 풍경에 대해서 이야기하려고 합니다.

내부 디자인을 한 일산 주엽동의 성당 프로젝트입니다. 이미 성당 구조 공사가 다 된 상태였고 인테리어 작업을 할 때 신부님이 새로 부임하신 상황이었습니다. 보통 신부님의 임기는 4년인데 성당을 짓는 등의 중요한 일이 있을 때는 6년까지 계신다고 합니다. 그때 새로 젊은 신부님이 오셨고 이분이 본당 내부 인테리어를 위해 저희를 찾아오셨습니다. 가보니 일산에 있는 여느 임대 상업 건물과 같은 모습이었습니다. 7층 높이에, 돌로 외부 마감이 되어 있고 나름대로 비싼 재료가 많이 쓰였습니다. 내부는 공사가 덜 된 채 일시적으로 중단된 상태였습니다. 본당은 2층에 있는데 제대 상부를 포함하여 양쪽으로 길게 형성된 천창이 있었습니다. 응용해야 할 힌트를 찾은 거죠. 빛이 들어오는 걸 전체적인 어휘로 삼아서 종교적 공간으로 연출해 보자고 생각했습니다. 그리고 빛의 유입을 위해 벽과 천장을 종이접기하기 시작했어요. 천장과 벽이 일체가 된 느낌을 주고 그 사이 조그만 틈을 벌려 빛이 들어오게 하는 작업이었습니다. 천창을 통해 들어오는 빛을 하나의 어휘로 다 엮어 놓았습니다. 공사가 잘 되었어요. 1천 석 가까이 되는 굉장히 큰 성당인데 내부 설계를 하고 나니 60석 정도가 줄었습니다. 보통은 받아들여지기 어려운 상황인데 신부님이 이해해 주셨어요.

내부의 비난은 본인이 다 받으시겠다고 하시더라고요. 신부님께 참
감사했습니다. 지금은 어떻게 변했는지 모르겠어요. 이게 10여 년
전입니다. 완성되고 나서 〈우리나라에도 이런 성당이 생기는구나〉 하며
꽤 화제가 됐던 기억이 납니다.

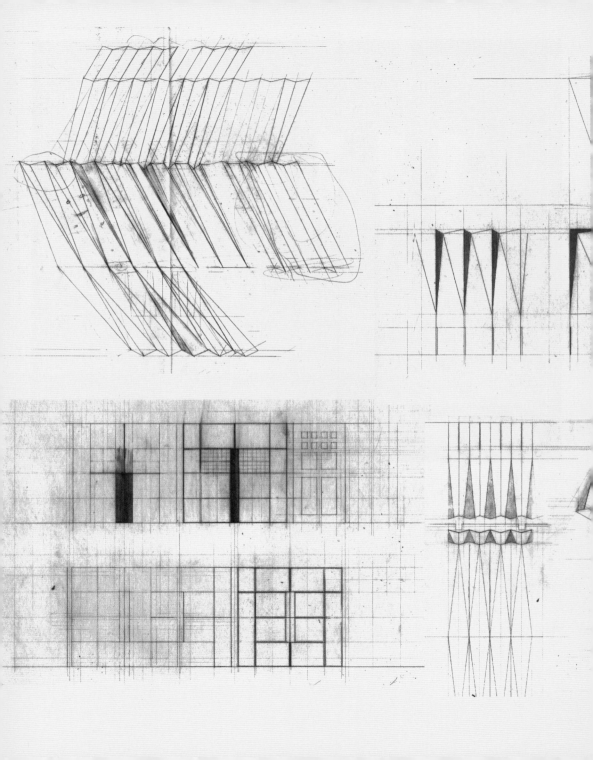

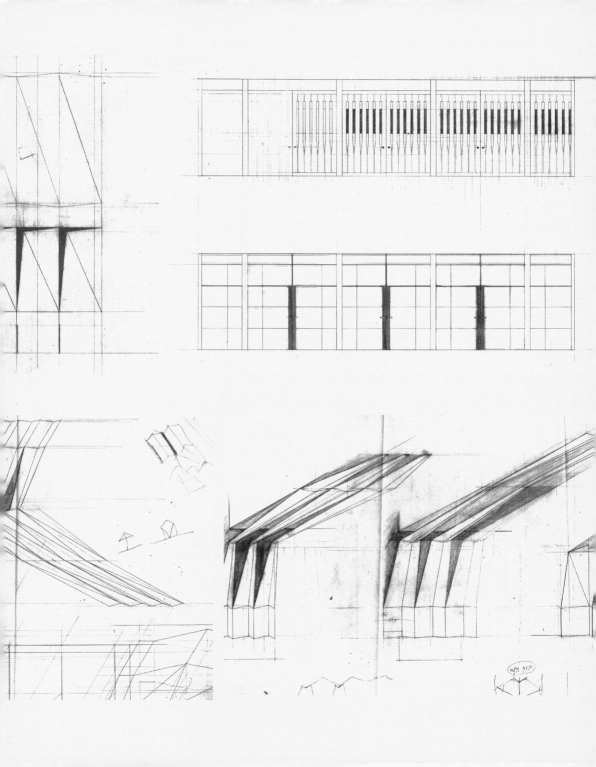

대구 대교구 100주년 기념 성당

김준성

대한민국 대구, 종교 시설, 2010

대구에 천주교가 들어온 지 100주년이 되는 해의 기념 성당 작업입니다.
여섯 명의 건축가들이 초청을 받아 설계 경기에 참여했습니다. 신부님과
가톨릭 대학 교수님이 찾아오셔서 공정한 심사를 약속하셨어요. 실제로
안을 낸 팀은 여섯 중 세 팀이고, 처음 여섯 팀에는 없었던 대구의 규모
있는 건축 사무소에서도 안을 내 총 4개의 설계 안이 심사를 받았습니다
          남북으로 길게 성당과 교육관이 마당을 형성합니다. 성당은
북쪽에 제대를 갖는 V자 형태로 세 개의 큰 줄기로 나뉘며 1천700명
정도가 들어가는 큰 공간입니다. 필요에 따라서 한쪽 공간은 닫고 다른
한쪽은 열어서 가변적으로 공간을 사용하면 좋겠다 싶었습니다. 동, 서,
북쪽으로는 벽과 천장이 자연광을 위해 열리는 볼륨입니다. 실제로 빛은
오전, 오후에 움직이며 들어오겠죠. 평상시에는 제대 쪽으로는 항시 빛이
내려오고, 동쪽 빛이 들어오는 곳에는 성가대 및 고해소 등의 프로그램을
넣었어요. 프로그램과 빛과 구조가 함께 있는 형태입니다. 서쪽으로는
3차원적으로 형성된 벽을 통해 오후의 자연광이 걸러져 들어옵니다.
3차원적 벽의 구성을 위해 많은 모형을 만들었습니다. 얇은 스티로폼
판을 핀으로 꽂아서 만든 스터디 모형에서 출발하여 어느 정도 발전되면
컴퓨터로 옮겼습니다. 3D 시뮬레이션을 하면서 이 지역의 태양 위치를
입력했습니다. 시간의 변화에 따라서 빛이 어떻게 이동하는지 보는 거죠.
마음에 들 때까지 끊임없이 시도했죠. 특히 서쪽 벽체의 모형을 만드는
데에 많은 시도를 했습니다. 고딕 성당의 벽을 보면 이차원적인 벽이
아니라 켜들이 있죠. 하지만 현대에 들어오면서 새로운 공법에 의해서
이차원의 벽으로 많이 변경되었습니다. 저희는 다시 3차원의 벽으로

만들어 보고 싶었어요. 그것도 빛과 관련되는 것이죠. 결국 당선작은
없고 우수작 2편으로 심사가 끝났는데 저희는 우수작이었습니다. 어느
날 마지막에 안을 제출했던 대구의 한 건축 사무소의 안으로 지어졌다는
소식을 들었어요. 몇 개월을 같이 일했던 친구들한테는 가슴 아픈
일이었죠.

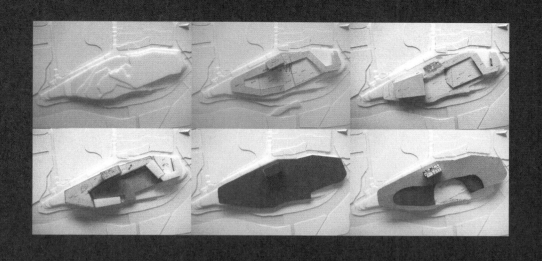

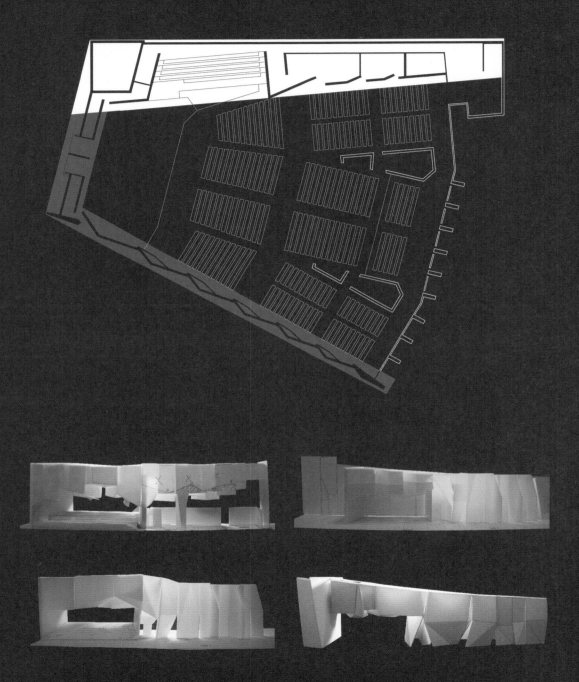

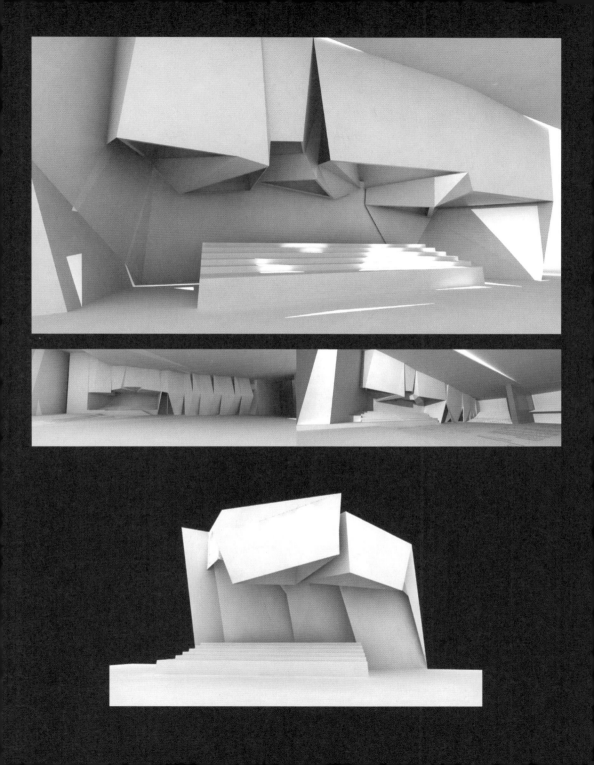

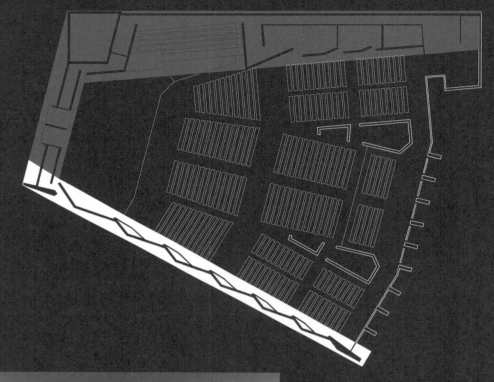

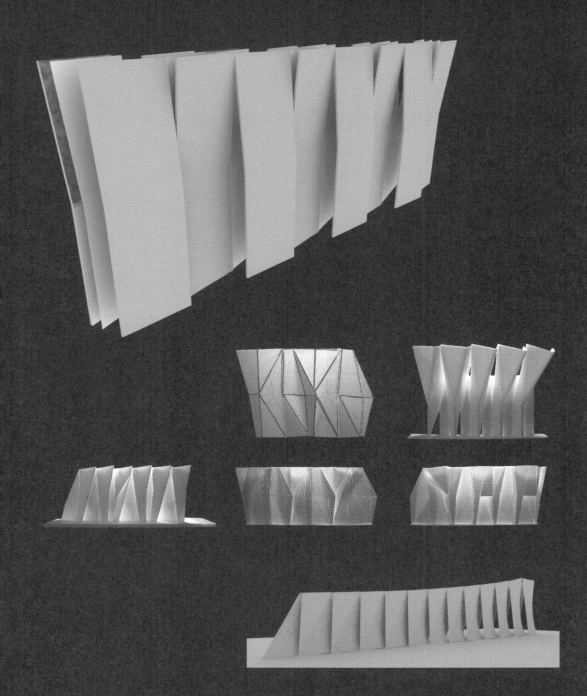

온누리 교회 하용조 목사 기념관

김준성, 아론 탄

대한민국 용인, 종교 시설, 2013

2011년에 돌아가신 온누리 교회의 설립자 하용조 목사님을 추모하는
기념 교회를 짓는 계획이었습니다. 하 목사님과 친분이 있던 홍콩 RAD의
대표 건축가 아론 탄Aaron Tan이 기본 설계를 해서 기부한 안이 있었고
저희는 그 프로젝트의 실시 설계와 감리를 맡게 되었어요. RAD는
서울 을지로에 있는 SK T-TOWER로도 국내에 많이 알려진 건축
사무소입니다. 기본 안은 건축물이 밖으로 드러나지 않고 지형 속에 묻혀
있는 것이었습니다. 살짝 휘어 있는 튜브 모양으로 교회를 포함합니다.
한쪽으로 진입해 다른 한쪽으로 나오는 형태로, 출구에 십자가가 하늘을
가리며 떠 있는 그야말로 간결하면서도 메시지가 분명한 안이었습니다.
튜브의 끝부분에 십자가가 걸려 있는 멋진 기념관이자 교회였지요.
하지만 이 설계 안에 대한 내부의 의견은 좋은 안이긴 해도 〈교회는
지상에 있어야 한다〉는 것이 지배적이었습니다. 결국 땅에 묻혀 있는
튜브는 추모 기념관과 갤러리로 쓰고 그와 이어진 지상에 교회를 별도로
짓자는 결론이 났습니다. 그리하여 지상의 교회는 저희가 설계하게
되었습니다. 가급적이면 그 아이디어를 손상시키지 않는 선에서 몇
가지 안을 내었습니다. 탄의 계획안이 미니멀하고 자체적으로 완결성이
강하다 보니 그와 접해서 교회를 설계한다는 것이 참 난감했습니다. 탄을
만났을 때 당신이라면 어떻게 하겠느냐고 물어봤어요. 본인도 어렵다고
하더라고요.

　　　　떠 있는 십자가로부터 시작된 계단의 연속으로 교회를
계획하였습니다. 처음 안은 기념관 안에서부터 계단을 거쳐 외부로
나오면 조각 같은 구조물을 마주치게 하고 싶었습니다. 또 하용조

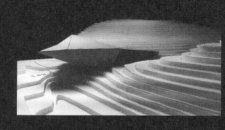

초기 모형.

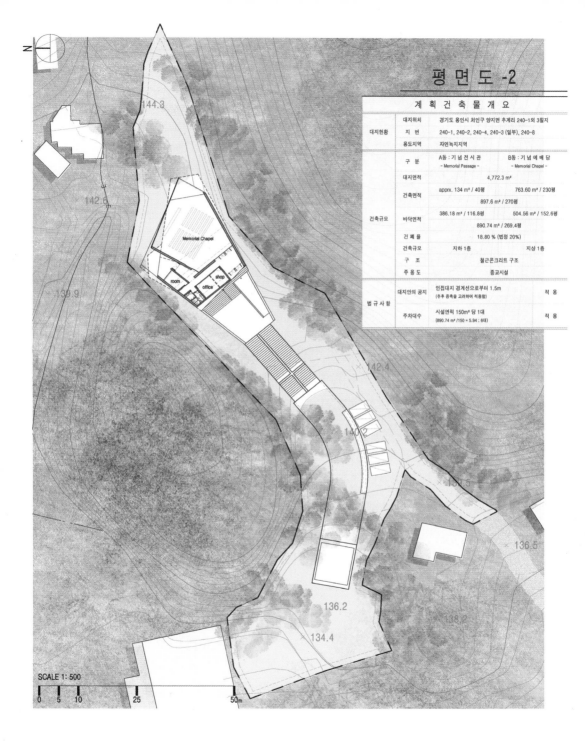

평 면 도 -2

계 획 건 축 물 개 요

대지현황	대지위치	경기도 용인시 처인구 양지면 추계리 240-1외 3필지	
	지 번	240-1, 240-2, 240-4, 240-3 (일부), 240-6	
	용도지역	자연녹지지역	
건축규모	구 분	A동 : 기 념 전 시 관 - Memorial Passage -	B동 : 기 념 예 배 당 - Memorial Chapel -
	대지면적	4,772.3 m²	
	건축면적	apprx. 134 m² / 40평	763.60 m² / 230평
		897.6 m² / 270평	
	바닥면적	386.18 m² / 116.8평	504.56 m² / 152.6평
		890.74 m² / 269.4평	
	건폐율	18.80 % (법정 20%)	
	건축규모	지하 1층	지상 1층
	구 조	철근콘크리트 구조	
	주용도	종교시설	
법규사항	대지안의 공지	인접대지 경계선으로부터 1.5m (추후 증축을 고려하여 이용함)	적 용
	주차대수	시설면적 150m² 당 1대 (890.74 m² /150 = 5.94 : 6대)	적 용

Memorial Chapel

room

office

shop

SCALE 1: 500

0   5   10   25   50m

목사님의 말씀들이 콘크리트 벽에 새겨지는 상황도 상상했어요. 하지만 이에 따른 허가도 받아야 하고 시공도 고려해야 하는 등 현실적으로 겪어야 하는 복잡하고 어려운 과정들 속에서 조정할 수밖에 없었습니다. 또한 교회 디자인 역시 기념관과 상충되는 느낌이어서 가급적이면 형태가 안 나타나는 방향으로 만들기로 했습니다. 십자가가 떠 있는 계단을 통해서 나오면 계속 하늘을 향해 가는 연속적인 계단을 만들고 그 아래 교회를 숨긴다는 아이디어로 진행했습니다. 그리고 그것이 최종 안이 되었습니다. 긴 터널과도 같은 추모 기념관을 지나면 출구에 십자가 계단이 나옵니다. 이 계단은 지상으로 나와도 계속 하늘을 향해 연결됩니다. 그 계단 중간의 오른쪽에 교회의 출입구가 위치하게 됩니다. 즉 오픈 광장을 만들기 위한 기본 방향에 맞추어 추모 교회는 광장 밑에 위치한 것입니다.

　　최종 결과는 계획했던 것과는 많이 달라졌죠. 특히 허가를 받기 위해 지하 공간의 한쪽 면이 지상으로 많이 노출되게 되었고, 교회 측의 요청에 의해 추모 기념관을 실내화시켰습니다. 초기 계획안과 비교해 크게 바뀐 부분이죠. 실외로 통하는 그저 비워진 통로였는데, 습도가 높은 지역 환경 탓에 유지 관리가 힘들 것이라는 우려가 있었습니다. 별도의 관리인을 둘 여력이 없으니 유리로 막아 실내화시켜 달라는 요청이었습니다. 단순히 없어야 했던 문이 생긴 것만으로 끝나는 것이 아니라 기본 개념과 많이 달라진다고 생각하니 가슴 아팠습니다. 그래서 그 문이라도 가능한 한 투명하기를 바랐는데 현장에 설치된 것은 계획안과는 다르게 반사 성능이 있는 짙은 유리였습니다. 또한 한 장의 큰 유리를 사용하여 창밖 풍경이 나뉘지 않았으면 했지만 에너지 절약 계획법이라는 규정이 새로 적용되어 단열 창호가 아니면 허가를 못 받는 상황이었습니다. 단열 창호용 유리는 규격에는 한계가 있어 어쩔 수 없이 조각을 내야 했습니다. 따라서 당시에 바로 구할 수 있었던 가장 큰

사이즈의 유리로 교체했습니다. 유리의 고정 디테일도 처음부터 재료의
크기와 함께 디자인되고 그에 맞는 시공이 따라야 했는데 결국에는
문제를 해결하기에 급급하여 현장의 임시방편을 적용하는 것으로 끝나
버렸습니다. 원작자에게 죄를 지은 기분이었습니다.

　　또 추모 기념관 천장에 전시를 위한 프로젝터가 필요하다 하여
천장 실내 공사도 두 번에 걸쳐 이루어졌습니다. 천장 아래로 프로젝터가
매달려 있는 것보다는 패턴을 만들어 그 안에 숨기는 것이 나을 거라고
판단했어요. 추모 공간 끝머리에 서면 센서를 통해 천장의 스피커에서
하용조 목사님의 육성이 나옵니다. 그리고 휘어진 공간 끝 창밖으로
십자가가 있는 계단이 보이죠.

　　제일 멋진 풍경은 사람들이 십자가 아래에서 올라오는 모습이에요.
마치 땅 밑의 무덤에서 교회 광장으로 부활하는 착각이 들 정도입니다.
개인적으로는 계단 아래서 십자가를 보는 모습보다는 밖에서 보는 것이
더 멋있어요. 십자가 계단을 올라오면 오른 켠에 지상의 교회로 들어가면
300명이 앉을 수 있는 예배를 드리는 공간을 만나게 됩니다.

　　강대상 뒤의 벽 재료가 눈에 띄죠. 얇게 켠 대리석에 강화
유리를 붙인 석재 유리 패널입니다. 이전에 미메시스 아트 뮤지엄을
바닥을 시공하면서 비싼 하얀 대리석의 대안으로 3밀리미터의 단단한
화강석에 대리석을 5밀리미터로 켜서 붙인 복합 패널을 사용한 적이
있습니다. 그때 중국에서 왔던 재료 중에 대리석에 강화 유리를 붙인
것도 있었습니다. 바닥으로 쓰기에는 부족했지만 빛이 투과되는
게 너무 근사해서 언젠가 입면으로 써야겠다 생각했죠. 그래서 이
프로젝트의 강단 뒤의 벽면에 사용했습니다. 새로운 재료를 사용해
보고 나니 아쉬운 점도 있었고 다음에는 더 잘 쓸 수 있겠다라는 생각이
들었습니다. 매력적인 재료입니다만 설치 디테일이 좀 틀렸고 일사 각도
같은 민감한 조건들을 더 잘 맞춰야 했음을 깨달은 것이죠. 완성되고

튜브 모양의 추모 기념관 내부.

십자가 계단을 올라오면
앞으로는 계단이 계속
이어지고, 오른쪽에는
교회의 입구가 있다.

나니 알겠더라고요. 건축이라는 작업은 원래 어렵지만 남의 돈 가지고
실험해야 하는 부담을 지니기 때문에 특히 더 어렵죠. 실험적 재료를 써야
할 때는 시공 후에야 어떤 부분이 잘못 되었는지 알게 되니 어찌 보면
고약한 부분입니다. 강대 오른쪽은 땅을 깎아 냈기 때문에 옛 방식대로
축대를 쌓으려고 했지만 비용이 너무 많이 들어 돌망태(개비온)를
썼습니다.

　　　우리나라 교회의 풍경 아시죠. 강대상 뒤로 모니터도 있고
공지 사항도 붙어 있죠. 종교 건축이라기보다 문화 센터 같은 느낌
받은 적 없나요. 사실 신교는 시각적 공간감과는 큰 상관이 없습니다.
강론이 위주라 영상 및 음향 시설을 더 중요하게 여깁니다. 천장을
루버로 디자인한 이유 중 하나도 스피커와 같은 기기를 안에 숨기기
위해서였습니다. 그리고 강대상 뒷면을 이렇게 빛을 투과하는 대리석
패널로 해놨더니 첫 예배를 드리는데 그 벽에 아무것도 안 붙어
있더라고요. 맑은 날 빛이 쏟아지고 커다란 나무 한 그루가 바람 따라
흔들릴 때 그 움직임이 이 반투명 대리석 벽에 실루엣으로 비치는
아름다운 순간을 상상하며 만들었습니다. 왼쪽의 반투명한 대리석 벽의
일부에는 투명한 구간도 있어요. 그 너머에 늘어선 나무가 보입니다.

미메시스 아트 뮤지엄

대한민국 파주, 전시 시설, 2006

알바루 시자,
카를루스 카스타네이라,
김준성

지금 강연이 열리고 있는 이 미메시스 아트 뮤지엄에서 중요한 것이
무엇일까요? 그 질문에 대한 답은 아마도 시자 선생님의 예술품을 대하는
기본 자세 및 공간적 전제 조건에 대한 원칙과 관련이 있습니다. 이곳에
오면 그냥 침묵하게 되지 않나요? 동대문 디자인 플라자는 기하학적
모습에 많은 투자를 했죠. 그곳에 가면 외계의 우주선이 서울 한복판에
내려와 있는 듯한 느낌이 듭니다. 반대로 단순한 한 덩어리의 이곳은 진짜
인간만이 느끼고 공감할 수 있는 미에 관한 프로젝트 같아요. 이 시대에
꼭 와서 봐야 할 건물이라고 학생들에게도 종종 말합니다. 아무 생각
없이 와서 느껴 보고 스스로에게 질문해 보는 기회를 주는 건물입니다.
침묵적이에요. 건축에서 침묵을 이야기하기 참 힘든데 말이죠.

     이 뮤지엄은 천창을 통해서 자연광이 들어옵니다. 하지만 그 빛만
있는 것은 아니에요. 몸체에도 여러 열림이 있습니다. 선생님이 그린
스케치를 보면 굉장히 의도적으로 열림에 대한 의지를 담고 있습니다.
각 공간에 어떤 빛과 풍경이 겹쳐야 하는지, 쉬어 가는 턴 포인트에서는
방문자가 어떤 광경을 봐야 하는지 등이 철저하게 이분의 머릿속에
있었습니다. 창틀의 디테일 하나까지도 그 의도들을 위해 집중됩니다.

     설계 과정에서 천장을 통해 유입되는 자연광을 위해 특별히
20대1의 모형을 만들었습니다. 선생님이 그 밑에서 바퀴 달린 의자를
가지고 왔다 갔다 천장 모양을 보면서 스케치하였습니다. 최종 스케치를
보면 단순한 싱글 라인의 도면 같은데 상당히 정확한 정보를 담고 있어요.
한 곳을 그리다가 또 다른 각도에서 보는 광경을 그리기도 하죠.

     3층 천장으로 가는 계단에서 보이는 창은 반사광을 이용하는 다른

천창과는 달리 하늘을 향해 바로 뚫려 있습니다. 흡사 달의 모습 같은데 이 모든 것이 스케치를 통해 나왔습니다. 건물의 곳곳을 상상 속에서 다니면서 그린 결과물이 여러 스케치 안에 담겨 있어요. 창 하나도 다 이유가 있습니다. 그냥 벽에다 기능적인 창을 만드는 게 아니에요.

스티븐 홀도 알바루 시자의 건물을 〈관찰자의 움직임에 따라서 다르게 느껴지는 건축〉이라고 합니다. 이쪽에서 봤을 때랑 저쪽에서 봤을 때의 건물이 전혀 다른 것이죠. 선생님도 항상 관찰자의 시선에 따라서 건물 풍경이 바뀌는 것을 이야기합니다. 사실 선생님은 자유자재로 상상하고 그걸 스케치로 옮기니까 이런 건물이 가능한 거죠. 우리는 어렵게 모형을 들여다보고 하는 걸요.

이 건물을 하면서 항상 궁금했던 게 하나 풀렸어요. 특히 유럽의 평론가들은 알바루 시자를 원칙주의자라고 많이들 표현합니다. 제 생각에 원칙주의자라는 것은 어떤 틀을 세우고 그것을 고수한다는 느낌이 강했기 때문에 〈선생님이 원칙주의자는 아닌데〉라고 생각해 왔습니다. 하지만 그런 뜻이 아니었다는 걸 이 건물을 하면서 느꼈습니다. 이 건물 설계를 할 때에 선생님은 여러 유명 건축가들이 설계한 한남동의 미술관 리움을 방문했습니다. 렘 콜하스Rem Koolhaas, 마리오 보타Mario Botta, 장 누벨Jean

Nouvel 등의 유명 건축가들이 작업했으니 보고 싶어 하셨습니다. 그런데 표정이 좋지 않으셨어요. 왜 그러시느냐고 했더니 많이 실망스럽다고 하시더군요. 미술 작품에 인공의 핀 라이트를 쏘는 게 그 예술품에 대한 모욕이라면서요. 비가 와서 날이 어두우면 어떻게 보느냐고 물었더니 선생님이 한마디를 하셨어요. 〈집에 가라.〉 그게 시자의 원칙이라는 걸 그때 깨달았습니다. 어떤 예술품을 가장 잘 감상할 수 있는 환경은 어떤 것이겠어요? 화가가 그림을 그릴 때 핀 라이트를 놓고 그리진 않았을 테죠. 동일한 환경이 아니면 보지 말라는 겁니다. 그런 일상 속의 절대적인 원칙들이 있어요. 그걸 지키는 것이지요.

지어진 지 햇수로 5년째가 되어 갑니다. 밖의 데크 공간에 대리석을 썼으니 사용자들로부터 비 오는 날은 미끄러지는 사고 때문에 재료를 바꿨으면 좋겠다든지, 카운터의 설계가 미흡하니 바꾸고 싶다는 등의 이야기들이 나옵니다. 사용하면서 불편하고 미흡하게 느껴지는 것은 당연히 바뀌어야 합니다. 시자 선생님의 카운터 초기 스케치가 있기에 가지고 왔습니다. 그 카운터를 설계할 때 어떤 용도를 중점에 두고 설계했는지 물어봐서 바꿔야 하겠죠.

선생님은 한국에서는 이러이러한 법규와 시공상의 어려움 때문에 난제가 많을 것이라고 말하면 바로 그 자리에서 다른 안을 그려서 주셨습니다. 굉장히 사고가 유연하십니다. 한때는 〈카페 건축가〉라고 불리기도 했습니다. 사무실 가면 없고 카페에 앉아서 스케치하시는 걸 즐기셨습니다. 꼭 사무실 책상 위에서 디자인을 하는 게 아니셨어요. 일상의 습관 속에 건축과 그 원칙이 살아 있었던 것입니다.

미메시스 아트 뮤지엄 3층
전시실. 카메라로만 잡히는
각도이다.

luz

luz

public

3 밖에서 시작되는 풍경

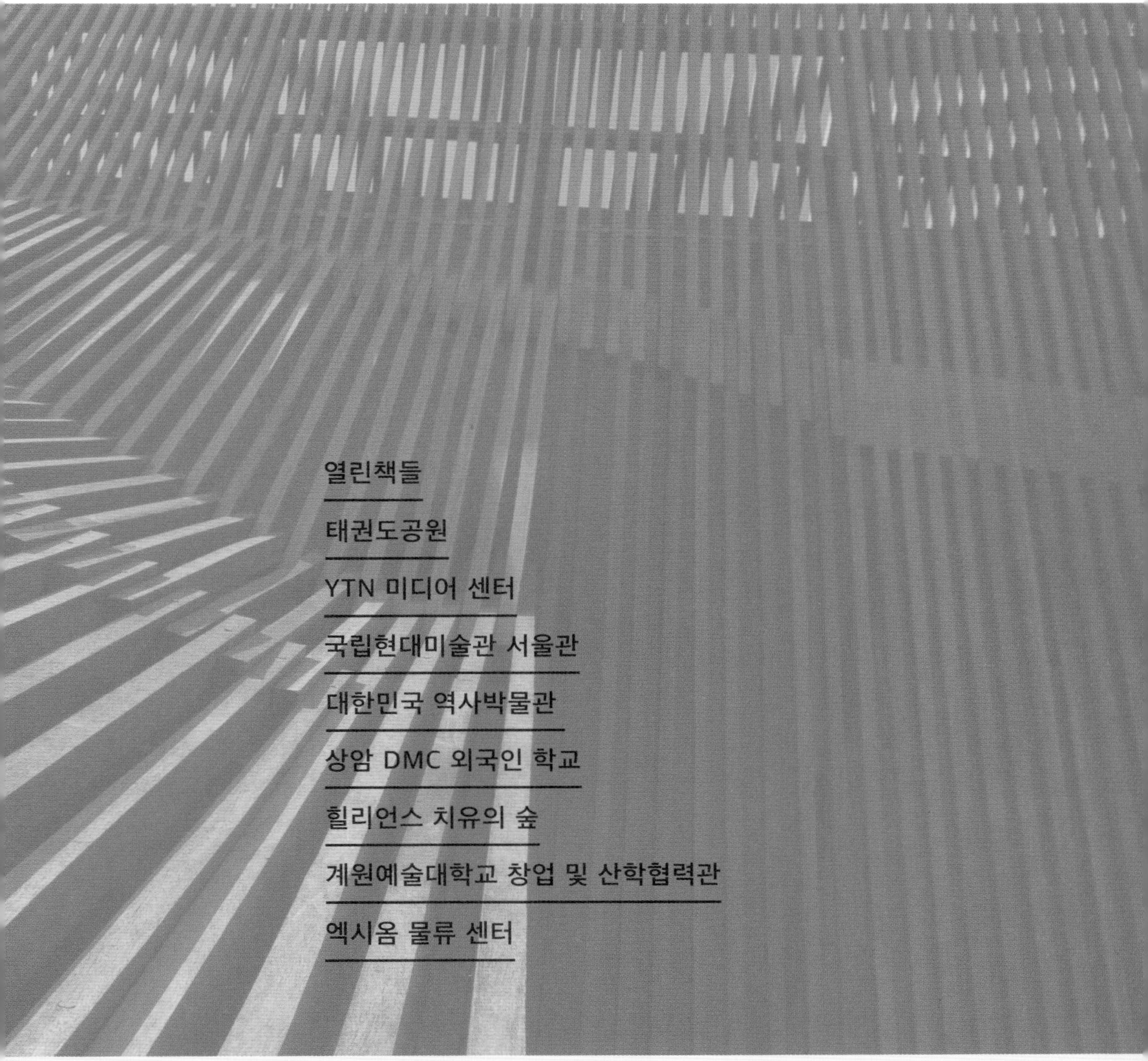

열린책들

태권도공원

YTN 미디어 센터

국립현대미술관 서울관

대한민국 역사박물관

상암 DMC 외국인 학교

힐리언스 치유의 숲

계원예술대학교 창업 및 산학협력관

엑시옴 물류 센터

많은 건축가들이 〈건축의 본질은 형태보다는 공간에 있다〉라고 합니다. 어느 정도 동의하지만 솔직히 건축에서 형태를 이야기하지 않는다면 무의미합니다. 지난 강의에는 안에서 보이는 것들 그리고 체험되는 공간을 주제로 다뤘다면 이번엔 건축이 어떠한 요인과 조건들에 대해 그러한 형태를 갖추었는지 그 과정들을 소개하겠습니다.

　　건축에서 많이 사용하는 단어 중에는 〈타불라 라사Tabula Rasa〉와 〈팰림세스트Palimpsest〉가 있어요. 타불라Tabula는 테이블을 뜻하고 라사Rasa는 양면에 날이 서 있는 칼을 뜻합니다. 따라서 〈타불라 라사〉는 테이블을 칼로 깨끗이 깎아 낸 것입니다. 있던 상황을 모두 없애고 새로 짓는 것이죠. 〈팰림세트스〉의 뜻은 반대입니다. 종이가 없던 옛날에는 양가죽에 기호나 글자를 남겼고 재사용을 위해 새겨진 것들을 뾰족한 막대나 돌로 긁어냈습니다. 그래도 깨끗이 지워지지 않았겠죠. 과거에 썼던 기호나 글들의 어렴풋한 자국 위에 새로 쓰는 것을 〈팰림세스트〉라고 합니다. 도시를 생각하면 어떤 단어에 가까울까요? 재개발이라는 이름으로 산동네가 아파트 단지로 탈바꿈하는 것은 〈타불라 라사〉로 설명됩니다. 장소가 가지는 특수성이 배제되는 이 방식에 대한 논의가 많이 있어 왔지요. 앞으로는 이런 스크랩 앤드 빌드scrap & build 방식의 개발은 쉽지 않을 것입니다. 건축계 내부에서도 자성하는 분위기와 함께 전면 개발이 아닌 수복 개발에 대한 이야기들을 많이 합니다. 〈팰림세스트〉식 개발이죠. 앞으로 건축의 흐름이 바뀌지 않을까 기대합니다.

　　현대 건축뿐만 아니라 모든 분야에서 도드라지게 나타나는 것이 경계를 지우는 것입니다. 그 경계는 크게 두 가지로 나눕니다. 첫 번째는 대지와 건축물과의 사이에 존재하는 경계입니다. 대지와 건축을 독립적으로 존재시키며 독립적 개체로써 서로 관계를 맺는다는 것입니다. 이를 그라운드ground와 피겨figure 사이의 경계라고 합니다. 고전 건축이 바로 이 경우입니다. 사람에게 머리, 몸체, 다리가 있듯이 건물을 인격을 갖춘 독립적 개체로 봅니다. 그래서 과거에는 양식이 중요했습니다. 어떤 모자를 쓰고 어떤 몸을 가지고 어떤 옷을 입느냐가 건축적 양식으로 나타났습니다. 근대로 넘어와서도 그라운드는 여전히 존재합니다. 조금 달라진 것이 있다면 근대의 건축은 자연과 소통하기 위해서 부단히 애썼다는 점이에요. 그래서 건물이 여러 켜들을 갖기 시작하고 그 켜들 사이에 자연을 삽입하는 시도를 했는데, 대표적인 건물이 프랭크 로이드 라이트Frank Lloyd Wright의 〈낙수장Falling Water〉입니다. 그 건축물을 보면 과거의 클래식한 건물들과의 차이가 보입니다.

우리가 속한 현대로 들어오면서 그라운드와 피겨의 경계가 근대와는 또 다르게 변합니다. 소위 말해서 그라운드 위에 그 그라운드와 닮은 피겨가 들어가는 정도를 넘어서 그라운드 자체가 추상화되어 그대로 건축으로 전환됩니다. 그라운드와 피겨 사이의 경계는 더 이상 존재하지 않는 것이죠.

두 번째는 표피와 프로그램과 구조의 경계입니다. 오히려 고전적 관점으로 돌아가 그 경계를 지우는 것이죠. 고전의 건축에서는 재료가 건축의 표피도 되고 건축에 필요한 프로그램도 되고 구조도 됩니다. 즉, 이 세 가지가 분리되지 않아요. 우리는 이것을 〈테크토닉 모노리스tectonic monolith〉라고 부릅니다. 그리고 근대의 건축에 와서는 이들이 분리됩니다. 르코르뷔지에Le Corbusier의 〈빌라 사보아Villa Savoye〉에서 확인할 수 있어요. 구조가 있고 그 구조와 별개로 표피가 있고 프로그램은 별도로 자유롭게 존재합니다. 구조와 표피와 프로그램이 더 이상 한 몸체를 이루지 않아요. 그런데 현대에 들어오면서 많은 건축가들이 디지털이라는 도구를 통해 흩어졌던 요소들을 다시 통합하고자 노력합니다. 즉, 또 다른 경계를 없애는 것입니다.

오늘 강연의 주제는 형태입니다. 바로 이 두 가지의 〈경계 지우기〉의 관점에서 제 지금까지의 작업들을 이야기해 보겠습니다.

구속주회 양덕원 성당

김준성

대한민국 홍천, 종교 시설, 1996

제가 마음속으로 깊이 좋아하는 신부님이 또 한 분 계십니다. 제 결혼식에
주례까지 서 주신 브라질 출신의 신부님이세요. 「미션Mission」이라는
영화를 기억하시나요. 포르투갈 신부님이 나오는데 그가 속한 그룹이
예수회 군단The Jesuit Army이라는 곳입니다. 그야말로 미개척지의 선교를
위한 특공대 같은 가톨릭 군단이죠. 브라질 신부님께서도 바로 예수회
군단 소속이신데, 홍천 양덕원의 꽤 외진 산속에 30명 정도 수용하는 사제
성당을 짓고 싶어 하셨어요. 정확히는 사제 성당과 사제관이었습니다.

　　　모형을 보면 성당이 산중턱에 튀어나온 혓바닥 같이 보일 수도
있고 그 자체가 산중턱에 삽입된 제단처럼 보일 수도 있지요. 계단으로
쭉 이어지는 지붕으로 오르다 보면 정삼각형의 개구부가 보입니다. 그
개구부를 통해 자연광이 내부로 들어갑니다. 그 빛은 제대 뒤를 지나
지하의 납골당 안까지 쏟아지게 되어 있습니다. 지하 납골당은 하늘로
열려 있어 비가 오면 비가 떨어지고 눈이 오면 눈이 떨어지게 설계했는데
지금은 어떻게 되었는지 모르겠어요. 안 가본 지 꽤 되었네요. 초기에
이 성당을 계획할 때 대지와 관계를 짓는 형태를 제안을 했지만 그 후로
경사가 더 심한 산기슭에 짓게 되면서 모형과 같은 최종안이 나옵니다.

　　　성당 밑에 사제관의 모습도 있습니다. 이 사제관의 주제는 다른
프로젝트에서 쓰고 싶던 것이었는데 실현되지 못해 이곳에서 적용됩니다.
하나의 프로젝트에서 끝나는 게 아니라 그때 이루지 못했던 사고가
조금 더 이어지고 합쳐져서 또 다른 조건의 대지 위에서 다른 건축으로
완성되기도 합니다.

　　　신부님이 속한 예수회 군단은 옛날 식민지에 파견 목적으로

육성한 사제들이었는데, 교육 자체가 매우 엄격하다고 합니다. 이들이
기본적으로 받는 교육 중에 건축 교육이 있습니다. 그래서인지
신부님께서는 공법까지도 너무 잘 알고 계셨습니다. 그래서 옆에 있는 군
부대의 지원을 받아 신부님이 손수 다 지으셨습니다. 대단하죠? 신부님이
목수를 데리고 와플 슬래브를 다 만드셨다는 게 믿어지지가 않아요.
지금은 왠만한 건설 회사도 난감해할 텐데요. 그때는 정말 온몸으로
건축을 했던 것 같아요.

헤이리 예술마을 건축 지침 김준성, 김종규

대한민국 파주, 문화 주택 단지, 2002

오늘날 제가 이 자리에 있도록 큰 도움을 준 프로젝트인 〈헤이리
예술마을〉입니다. 2001년도부터 9년 동안 헤이리 예술마을의 건축
코디네이터 역할을 맡았습니다. 많은 사람들과 관계를 성립한 참 중요한
시기였어요. 저는 특히 출판인들과의 인연이 많은 편인데 그것도 이
프로젝트에서 많이 비롯되었습니다.

 파주출판도시는 국가 산업 단지예요. 그래서 법규상으로 문화나
거주에 관련된 프로그램이 들어올 수 없습니다. 물론 출판은 단순히
산업적 측면만으로 접근할 수 없는 분야이니 문화적인 작동을 위해
북카페 등의 부속 시설이 필요합니다. 그래서 그 옆에 헤이리 예술마을이
탄생했습니다. 헤이리는 흔히 예술인, 예술을 사랑하는 사람, 예술에
투자하는 사람들이 모여 만든 것이라 알려져 있어요. 그러나 초기의 주축
멤버들은 출판인들입니다. 파주출판도시 근처에 거주 가능한 문화적
활용 공간을 둘러보던 출판인들로 시작되어 후에는 출판인들뿐만 아니라
예술과 관련된 많은 사람들이 모여서 함께 헤이리라는 마을을 이룬
겁니다.

 헤이리라는 이름이 궁금하다는 분들이 많습니다. 영국에 가면
〈헤이온웨이Hay-on-Wye〉라는 약 200년 된 책방 마을이 있어요. 거기서
따온 이름이냐고 하시는데, 장소의 성격이나 콘텐츠는 영향을 받았지만
이름 자체는 파주 지방의 농요에서 비롯되었습니다. 모를 심을 때 부르는
노래의 후렴구인 〈헤이리 헤이리〉에서 따왔습니다.

 9년 동안 저와 김종규 건축가가 함께 코디네이터를 맡았는데
그래서인지 저희를 헤이리의 마스터플래너로 알고 있는 경우가 많아요.

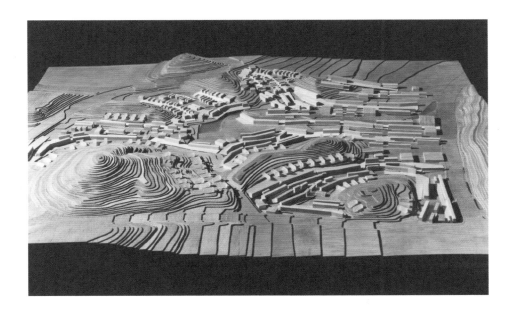

마스터플랜은 연세대학교 도시공학과 김홍규 교수님이 계획했습니다.
코디네이터는 무슨 일을 하는지 궁금하시죠. 앞서 말한 대로 헤이리는
정부 주도의 산업 단지가 아니라 개인 멤버들이 모여 만든 마을이에요.
파주출판도시 같은 경우는 입주 계약을 맺으면 정해진 기간 내에 건물을
지어야 하는 규정이 있는데 헤이리는 그런 것이 없습니다. 그러다 보니
〈몇 년이 가야 할 지 모르는 기약 없는 여정을 위해 최소한 건축적인
약속은 있었으면 좋겠다〉고 한 겁니다. 헤이리에 건물이 지어지고 조금씩
마을의 모습이 갖추어 질 때 그에 대한 기본적인 최소한의 방향을 정해
달라는 거죠. 이것이 코디네이터의 역할입니다.

　　　이 부지엔 나지막한 구릉이 다섯 개 있고 중앙부에는 습지와
농토들이 있었습니다. 구릉과 중앙의 습지를 최대한 유지하자는 헤이리
멤버들의 의사가 적극 반영되어 구릉의 일부를 절대 녹지로 지정해
놓았어요. 단지 구성을 위해 필요한 도로가 놓이고 370여 개의 필지로
분양을 하여 350여 분의 회원들이 모였습니다. 이 시점에 저희가
코디네이터로 합류했습니다.

토 지 이 용 계 획 도

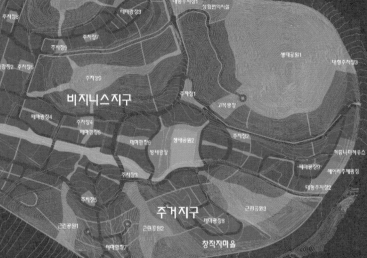

태마광장4

주차장8

어늘광장   대형주상장5

태마광장3

주차장7

대형주차장1   생활편의시설

태마광장2 주차장6

주차장9

생태공원1

대형주차장3

주차장9

비지니스지구

주차장1

고덕광장

태마광장4

주차장4

태마광장5

태마광장6   생태공원2

주차장2

참태광장

커뮤니티하우스

대형주차장4

주차장3

태마광장

메머리주제광장

대형주차장2

주차장5

근린공원3

근린공원1

주거지구

태마광장8

근린공원2

창작자마을

태마광장7

범 례		
구 분		
비즈니스지구		
주거지구		
생활편의시설		
커뮤니티하우스		
하수시설부지		
주차장		14개소
도로		
공원		6개소
광장		13개소
녹지		
수로		

그러고 첫해에 〈건축 지침서〉라는 책자를 냈어요. 지침서를 만들며 신경 썼던 것은 건물 그 자체들의 모습이 아니라 건축물이 들어서지 않는 땅에 대한 것이었습니다. 헤이리의 절대 녹지나 도로 같은 공용부는 전체의 47퍼센트이고 개인별 필지의 합은 53퍼센트로 구성됩니다. 파주시 조례에 의하면 부지의 건폐율은 50퍼센트입니다. 53퍼센트의 50퍼센트로 계산할 때, 헤이리 전체 중 건물이 들어서는 것은 27퍼센트가 채 안 되는 거죠. 나머지 70퍼센트만큼의 땅을 어떻게 운영할지 고민하였고 그것을 중심으로 지침을 만들었습니다.

초기에 멤버들과 분기별로 해외 건축 답사를 다녀왔어요. 처음 사무국에 갔을 때 전체 조감도가 벽에 걸려 있었는데 그걸 보고 〈아, 이들과 장시간을 함께 보내야 하겠구나〉라고 생각했습니다. 너무나도 이상적인 교외 마을 그림이 걸려 있었기 때문이에요. 잔디가 쫙 깔린 정원을 가진 집들이 비둘기 집처럼 무한 반복되어 있었습니다. 이분들에게 현대 건축의 이상적 방향 속에서 친환경 건축이란 어떤 것인가를 이해시켜야 한다고 마음먹었습니다. 마을을 위해 꼭 지켜야 할 공동의 가치를 찾으려고 했어요.

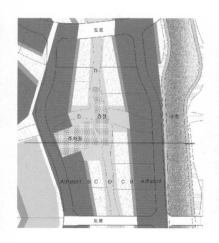
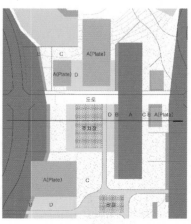

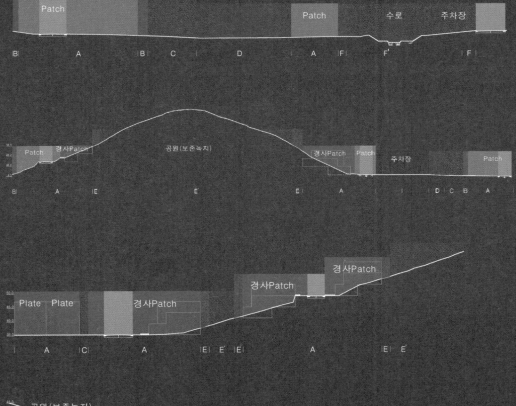

평지와 산자락에 놓이는 패치들.

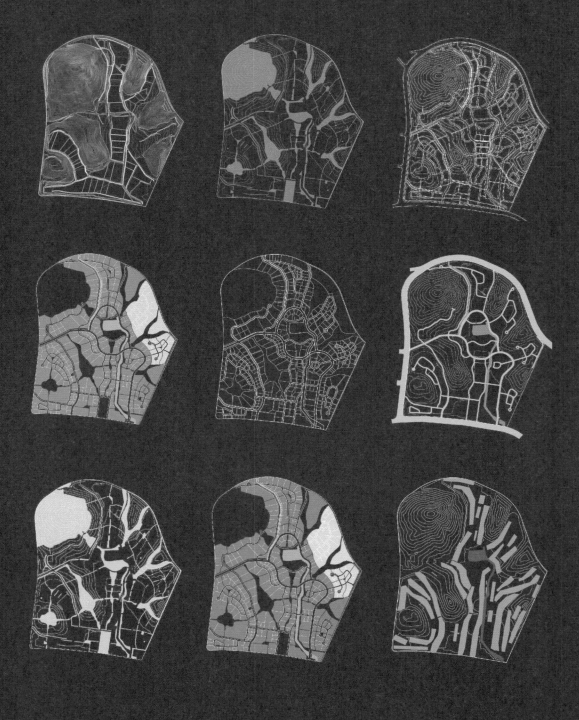

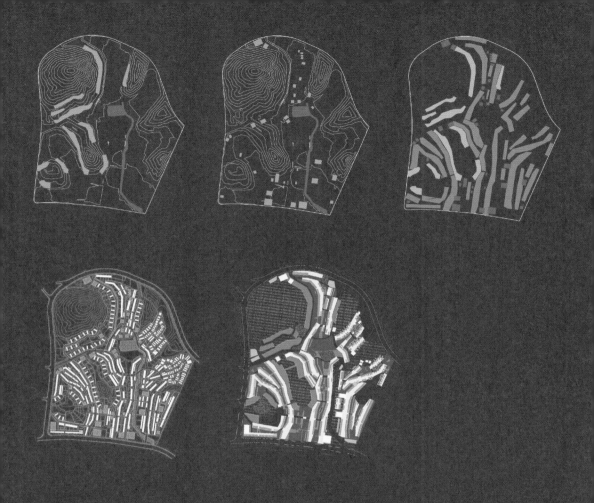

건물이 들어서는 27퍼센트의 영역들을 기존의 마스터플랜 위에 배치하는 것이 첫 번째 작업이었습니다. 다섯 개의 구릉이 지형에 변화를 주어 각기 다른 조건들을 설정했습니다. 우선 건물이 위치할 공간과 도로를 포함하여 인공적으로 포장될 부분을 패치라 명하고 그 패치들을 배치했습니다. 평지에는 연속적으로 이어지는 형태였고, 산자락에는 경사 위에 걸쳐지는 형태였습니다. 마을이 전체적으로 자연 속에서 소통하도록 하는 것이 패치의 기본 전략이었습니다. 건드릴 수 없는 절대 녹지뿐 아니라 각자의 필지 위의 자연을 지키기 위해 건물은 패치 범위 안에 들어와야 했습니다. 그렇다고 모든 것들이 다 연속된 패치 안에 있어야 하는 것만은 아니었습니다. 상황에 따라 어떤 건물들은 독립성을 가지고 자유롭게 펼쳐져도 좋다고 생각했죠.

개인 땅의 건폐율은 50퍼센트였습니다. 그리고 그 50퍼센트 중 40퍼센트만 저희가 정하고 나머지 10퍼센트는 각자의 자유에 맡겼어요. 모든 것들이 모여서 최종적으로 건물을 다 지었을 때를 생각하며 모형을 만들어 보았어요. 초기 대다수 멤버들은 그 모습을 생소하게 여겼을 겁니다. 교외의 그림 같은 마을을 꿈꾸고 있었으니까요. 인공화되는 패치의 허용된 구역 안에 지을 수 있는 건물의 타입도 형태적으로는 아니지만 자연과 길 그리고 이웃과 만나는 방법에 따라 최소한으로 정해져 있습니다. 개인 소유의 필지이지만 헤이리 예술마을이라는 큰 틀에서 집을 짓는다는 원칙이었습니다. 개개인의 필지별 조건들은 다 달랐습니다. 초기에는 이것 때문에 회원들 간의 갈등이 많지 않을까 걱정했습니다. 예술가 세 사람이 모이면 지진이 난다고 하잖아요. 300여 명의 예술인이 함께 작업을 한다는 것은 상상으로도 쉽지 않은 일이에요. 그런데 회원이 많다 보니 오히려 개개인의 의견을 표명하기보다는 전적으로 믿어 보겠다며 따라와 주셨어요. 놀라운 출발이었죠. 건축을 완공시킨 경험을 가진 건축가와 외국 건축가 등 33명의 리스트를 만들고 가급적이면 그중에서 각자 설계를 맡을 건축가를 선정하도록 했죠. 외부에서 건축가를 초청해 설계를 하는 경우에는 모든 건축 작업을 관리하는 건설위원회의 승인을 받아야 하는 규약이 있었습니다. 기본 설계가 끝나면 안을 제출해서 심의를 받아요. 지침대로 계획했는지 확인하는 것도 코디네이터의 역할이었어요. 이러한 약속들은 법적인 효력이 없습니다. 그렇지만 모든 회원들이 그 약속을 지켰어요.

헤이리 예술마을이 초기의 신선함을 잃고 카페촌처럼 변했다며 걱정하는 분들이 많아요. 현 상황에 대한 소견을 묻는 분들도 있고요. 저는 크게 걱정하지 않습니다. 헤이리의 역사는 아직 15년이에요. 마을 하나를 15~20년 만에 세울 순 없어요. 현재는 1세대도 지나지 않았어요. 마을이라는 건 적어도 50~60년이 지나고 3세대가 거쳐야 진정한 모습을 갖춘다고 믿습니다. 그 전까지는 많은 시행착오를 겪습니다. 물론 지금 카페촌처럼 보인다는 건 시행착오라고 생각하지만 아직 성장하는 마을이에요. 점차적으로 밀도가 높아지면서 또 다른 문제들도 발생할 테지요. 다만 저는 헤이리의 공동체 의식을 믿어요. 지침과 여러 규약들을 시행하는 과정에서 법적인 효력이 없는 약속을 모든 회원들이 지켰어요. 이렇게 헤이리를 이루는 의식들이 결국 오류를 고쳐 나가고 좋은 방향을 찾을 것이라는 믿음을 가지고 있습니다.

헤이리 예술마을은 전 세계적으로 유사한 전례가 없습니다. 그 정도 규모의 마을이 제대로된 모습을 그리 빠른 시간에 갖출 정도로 환경과 가능성을 가진 나라는 흔치 않거든요. 해외에서도 많은 관심을 가졌어요. 코디네이팅을 할 때 한 달에 2~3번 현장에 나가 외국에서 온 분들에게 설명하고는 했습니다.

초기 모형을 보면 덩치가 큰 건축물이 두 개 정도 있어요. 공교롭게도 그 건물들이 저의 작업이에요. 하나는 마을회관 역할을 하는 헤이리 커뮤니티 센터이고 또 하나는 영화 촬영소입니다. 영화인들도 헤이리 형성의 주된 주인들이었어요. 헤이리 남동 편에 게이트 하우스로 이름 붙은 주거 전용 구역이 있는데 이곳에 박찬욱 감독을 포함한 젊고 영향력이 큰 영화 감독들이 들어옵니다. 헤이리가 영상 마을 같은 모습을 띠었으면 하는 욕구가 생겨났죠. 그 후에 강우석 감독의 아트서비스에서 영화 촬영소를 만들었고 저희가 그 설계를 담당하였습니다. 그 전까지 국내에는 남양주 국립 영화 촬영소만 있었습니다. 개인이 설립하는 첫 번째 촬영소가 헤이리에 들어온 겁니다. 이때만 해도 일주일에 두 번은 파주를 왔다 갔다 했어요. 저녁에 일 끝나고 파주에서 서울로 올 때 김포 하늘 위로 보이는 보라색의 황혼이 정말 기가 막혔어요. 지금은 그쪽에도 아파트 단지들이 들어섰지만 그때는 정말 멋진 해질녘의 풍경을 자주 만났지요.

마을 안에 7개의 다리가 계획되어야 했는데, 그를 위해 관심 있는 분들이 제안을 할 수 있는 열린 공모전을 열었습니다. 대부분의 당선작은 학생의 공모였고 그 당선 안들을 가지고 기성 건축 사무소에서 구체화하여 지었습니다.

IN NATURE FLEXIBILITY SPECIFIC INDETERMINATED SPACE

헤이리 커뮤니티 센터

대한민국 파주, 문화 및 집회 시설, 2002

헤이리에서 처음으로 지어진 건물인 〈헤이리 커뮤니티 센터〉입니다.
첫 강의 때 소개한 알바루 시자의 바닷가 수영장을 기억하실 겁니다.
도로와 바닷가 사이의 약 3~4미터 공간에 수영장을 끼우듯 지었지요.
아마 그 수영장 프로젝트가 제 마음 속에 있다가 커뮤니티 센터를
설계하며 무의식적으로 튀어나온 것 같습니다.

이 센터도 위와 아래의 도로가 겹치는 곳에 위치합니다. 헤이리
외부의 도로와 내부의 도로는 약 4미터 정도의 레벨 차이를 갖습니다.
그 4미터 차이의 갭 안에 건물이 흡사 조경의 일부처럼 들어가 있습니다.
헤이리에 세우는 첫 건축물이어서 의도적으로 회원들에게 헤이리에
들어서는 건물들은 이런 모습이었으면 좋겠다고 선을 보이고 싶은 마음이
컸습니다. 그래서 그라운드 위에 피겨로 서 있는 모습이 아니라 그라운드
자체가 추상화된 모습의 건물을 제안했습니다.

커뮤니티 센터는 전체 단지의 최북단에 위치합니다. 연속적으로
그린 단면들을 보면 건물이 주변의 지리적 여건과 어떻게 관계하는지
명확히 보입니다. 내부 도로와 외부 도로 사이의 높이차를 이용해
지었으므로 높은 외부 도로에서 보기에는 건물의 형태가 거의 없습니다.
지형의 연장선에 있는 조경 같기도 하고요. 유일하게 건물처럼 보이는
유리 박스는 단지를 운영하는 사무국이 들어가는 사무 공간이고 나머지
내외부 공간은 열린 다목적 홀입니다. 단지의 외곽 도로에서 지나가면서
보면 건물이 한쪽은 묻혀 있고 반대쪽은 단지를 향해 열려 있습니다.

재료를 쓸 때 두 가지를 생각했어요. 하나는 헤이리의 건축
지도를 새긴 유리를 사용해 건물을 정보 전달의 미디어로 사용하는

216
217

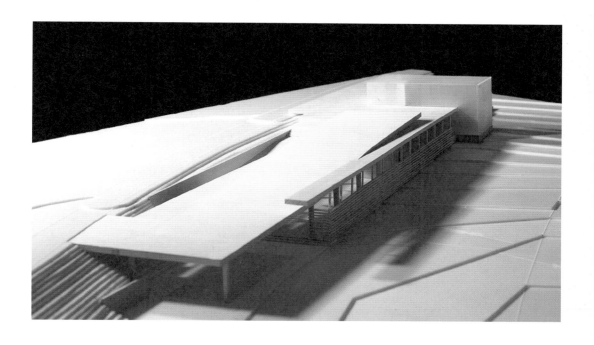

STREET LEVEL

ART VALLERY LEVEL

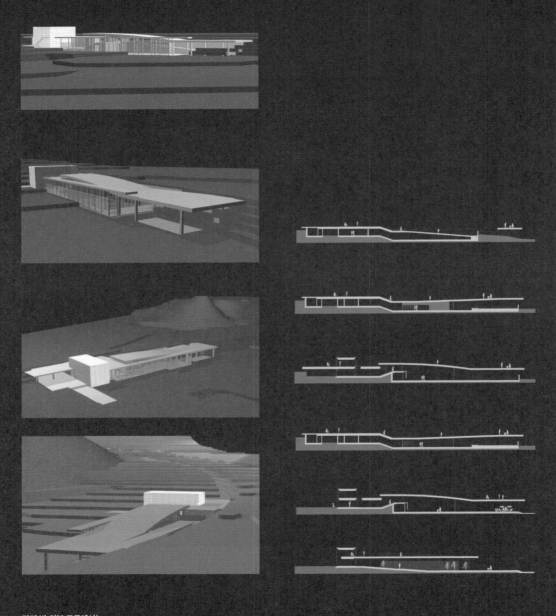

단지 밖 외부 도로에서는
땅에 묻혀 있고 반대쪽은
단지를 향해 열려 있다.

것이었습니다. 마을을 대표하는 건물이기 때문에 헤이리를 기호학적으로 표현하고자 했습니다. 단지 내 도로를 포함한 패치 판들이 유리에 문신처럼 새겨져 주 입면이 됩니다. 유리들은 샌드블라스트 처리하여 반투명하게 만들었어요. 과거라면 문양을 넣기 위해 손으로 애썼을 텐데 이제 모두 디지털 공법으로 이루어지니 저희는 도안만 전달하면 됩니다.

또 다른 하나의 재료는 거울 같은 유리예요. 헤이리의 모습을 그대로 반사하는 입면입니다. 내부에서 불을 밝힌 상황을 제외하고는 완전히 거울처럼 보입니다. 앞에 억새를 심고 그 억새가 반사되어 건물 자체가 지워지는 모습을 상상해 봤죠. 그리하여 외부에서는 헤이리의 모습이 반사되는 거울이고 내부에서는 자연광도 들어오고 밖도 보이는 일반 창이 됩니다. 자연광 조절을 위해 내부에서 열리고 닫히는 목재 스크린을 설치하였습니다. 나중에 알게 된 사실인데 외장재로 쓴 반사 유리에 새들이 와서 심심치 않게 부딪혔대요. 매 사진을 군데군데 반사 유리벽에 붙여 놓으니 도움이 되었다고 했습니다.

다목적 홀을 처음 계획할 때 결혼식장이나 마을회관으로 쓰이는 오픈 홀을 상상했습니다. 가을마다 열리는 헤이리 공동의 잔치 때에는 전시를 합니다. 전시관으로 쓰다 보니까 빛을 차단하고자 하여 어느 순간부터는 검은 차양 막으로 다 덮어 놓기도 했어요.

초기에 가졌던 의도가 많이 변질된 모습을 보며 여러 생각을 했습니다. 건물을 지으면 적어도 한 세대 동안은 처음의 모습이 유지되었으면 합니다. 그런데 항상 그렇지만은 않은 게 현실이에요. 우리는 서양 사람들과 달리 관리에 옹색하며 대신 필요에 따라 쉽게 변형을 하는 편입니다. 이 커뮤니티 센터가 개인의 사유 재산이었다면 많이 변형되기보다는 잘 관리가 됐을 텐데 공동 재산이다 보니 관리는 잘 안 되면서 심하게 변질되기까지 하니 속이 많이 상했습니다.

거울 같은 유리에 헤이리
마을 모습이 비친다.

헤이리 영화 촬영소

김준성, 토머스 한

대한민국 파주, 방송 통신 시설, 2001

남쪽에서부터 헤이리에 진입할 때 보이는 가장 큰 건물이 바로 영화
촬영소입니다. 설계를 하면서 처음 알았는데 촬영소가 영어로 〈사일런트
스튜디오〉라고 합니다. 무음에 무진동이어야 합니다. 그런데 앞에
4차선 도로가 있어서 대형 트럭이 한 번 지나가면 진동이 몸으로 느껴질
정도였습니다. 진동을 어떻게 막느냐가 관건이었습니다.

이 프로젝트는 사일런트 스튜디오 3동, 사무동 그리고 기숙사로
이루어집니다. 촬영 팀이 한 번 오면 3~4개월 동안 거주하므로 기숙사가
필요했습니다. 건축 대학원에서 같이 강의를 하던 건축가 토머스 한Thomas
Han과 협업했습니다. 헤이리의 초기 작업들은 대부분 다른 건축가와
함께했어요. 저는 코디네이터였기 때문에 가급적 외국의 건축가나
디자이너와 협업을 하고자 했습니다.

무음, 무진동의 컨디션을 만드는 것이 우선이기 때문에 형태를
완전히 자유롭게 할 수는 없었습니다. 영화 촬영을 위한 이상적인 비율도
지켜야 하는 등 주어진 요소들이 많았죠. 이런 상황에서 대지와 관계가
있는 건물을 만들려다 보니 상당히 제한이 많았습니다. 결국은 대지가
지붕까지 연결되면 좋겠다는 정도의 제스처를 사용했습니다. 건축적인
매스를 다루는 데에 그라운드가 연장이 되면 좋을 것 같았습니다. 또
한편으로 이 건물의 입면에 자연이 추상적으로 표현되면 좋을 것 같아
자연에서 가져온 패턴을 많이 그려 보았죠. 그러다가 파울 클레Paul
Klee의 그림에서 일부를 응용하였습니다. 도로에 접한 면에 패턴이 있는
유리를 걸고, 나머지 입면에는 동으로 만든 그물 모양의 망을 외장재로
사용했습니다. 촬영장 치고는 꽤 호화롭죠.

촬영동은 총 3개 동인데 촬영 일정상 우선 큰 동 1개를 먼저 완성하였고, 나머지 2개 동을 순차적으로 지었습니다. 큰 동이 완성되자마자 촬영했던 영화가 「올드보이」였어요. 「실미도」가 바로 뒤를 이어 촬영됐고요. 그 후로 이곳에서 촬영하면 영화가 크게 흥행한다는 것이 공식처럼 알려졌고 그해에 다음 6년치 계약이 끝날 정도로 인기가 많아졌습니다.

모형에는 빈 공간이 보이는데 그 작은 마당은 현재 건물로 채웠습니다. 사용자의 입장에서는 만족스럽지 않았던 모양이에요. 당시에는 이런 건축적 어휘들이 익숙하지 않았습니다.

외장에 대한 이야기를 다시 해볼게요. 사실 촬영장은 컴컴한 블랙 박스잖아요. 그래서 외장을 내용과 연관짓기 어려워서 차라리 주변과의 관계에서 두 가지 안을 생각을 했습니다. 하나는 글라스에 클레의 패턴을 넣는 것이고 또 하나는 가장 쉽게 만들 수 있는 콘크리트 벽이었어요. 콘크리트 벽 겉에 동으로 만든 그물 망을 만들어 씌웠어요. 철이 아닌 동판으로 한 이유는 세월이 가도 색만 변할 뿐 오래 견디기 때문입니다. 넝쿨이 동판으로 만든 그물을 덮는 것을 의도하여 초기에는 묘목들을 쭉 심었는데 계속해서 넝쿨을 자르시더라고요. 그냥 두어야 하는데 말이죠. 촬영동 내부는 촬영 주제에 따라 계속 변합니다. 비행기 동체 같은 것도 촬영 전에 이틀이면 뚝딱 만들어지는 곳이죠.

입면의 패턴에 영감을 준
파울 클레의 그림.
아래는 배치도.

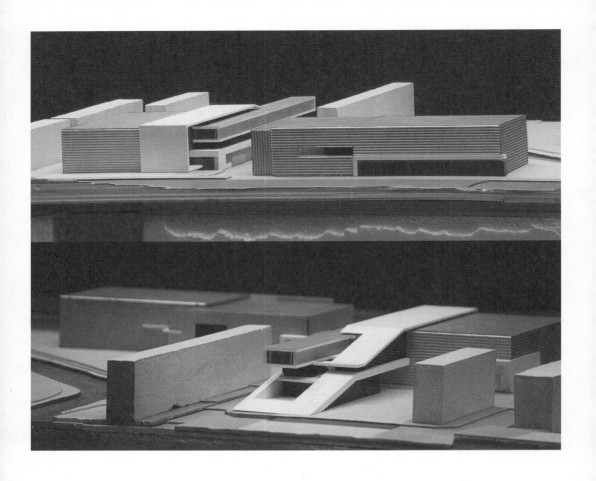

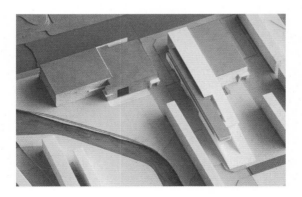

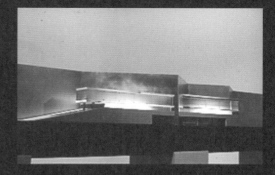

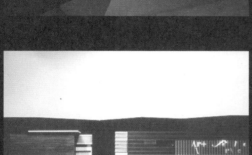

토머스 한이 만든 모형은
왼편의 스터디 모형보다
좀 더 극적인 모양이다.

대한 복싱 전용 훈련장

김준성

대한민국 영주, 운동 시설, 2015

공모전에 냈다가 당선된 작품입니다. 태릉의 복합 연습장을 제외하면
우리나라에는 대한 복싱 협회에서 가지는 전용 훈련장이 없습니다.
영주에 처음으로 만들게 된 것입니다. 공모전이 전체적으로 특이했어요.
실내 수영장과 복싱 훈련장이 동시에 공모에 나왔어요. 두 설계 주체들이
짝을 지어서 접수하고 배치를 하되 별도의 계획안을 제출하는 거예요.
이런 방식은 처음이었지요. 제자이면서 본인의 건축 사무소를 운영하는
숨비건축의 김수영 소장이 수영장을 설계하고 제가 복싱 훈련장을 만들어
함께 제출했는데 당선되었습니다. 다루기 쉬운 재료로 모형을 만들어
흑백으로 사진을 찍어 냈는데 심사위원들이 예쁘게 봤나 봐요.

     주어진 대지는 한쪽으로는 도로에 면해 있고 다른 쪽으로는 체육
공원에 면해 있습니다. 언덕이라서 한쪽 끝에서 다른 쪽 끝까지 높이차가
약 7미터입니다. 도로 너머로는 신시가지가 이어집니다. 7미터 차이의
경사진 언덕을 따라 내려가는 길을 따라 건물의 지붕이 만나도록 하여
공원을 연장시키는 것이 주개념이었습니다.

     저희는 이 연습장과 수영장이 인근 지역 주민들에게 접근이
용이한 공원으로 사용되길 바랐습니다. 기존의 체육관들이 그라운드에서
독립된 형태의 안이었다면 이곳은 지형과 함께 존재하고 여러 사람들이
와서 즐기는 공공 편의 시설이 되었으면 좋겠다는 취지를 적고 타이틀을
〈퍼블릭 라운드〉라고 하여 공모전에 제출하였습니다. 공간적으로나
시간적으로나 공동의 의미를 갖는 시설을 짓자는 제안이었습니다. 꼭
복싱이 아니더라도 지나가다 슬쩍 와서 커피를 마셔도 되고 계단에
앉아서 공연을 해도 되는 그야말로 공공의 장소를 꿈꿨던 겁니다. 두 개의

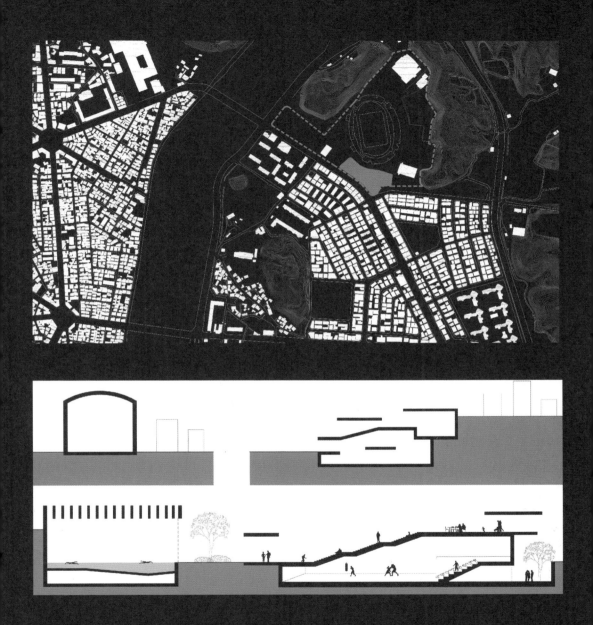

위는 배치도. 아래 그림의
왼쪽 위는 기존의 체육관이고,
오른쪽 위는 제안된
체육관으로 주변과 연장선에
있는 형태이다. 아래는 제안된
수영장과 복싱장의 단면.

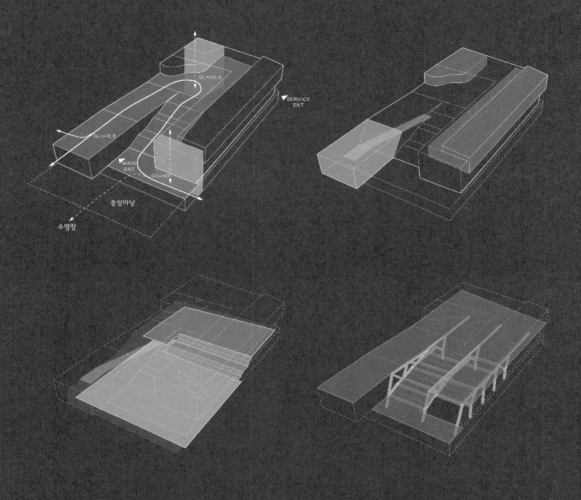

메가 트러스가 상단의 공원 공간과 하단의 연습장을 받치는 구조입니다.
도로에서 건물로의 진입이 자연스럽습니다. 걸어서 내려가다 보면
커피숍이 있고, 더 내려가면 복싱장, 수영장에 다다르게 됩니다. 지형의
일부, 길의 일부, 공원의 일부인 건축을 하고 싶었어요.

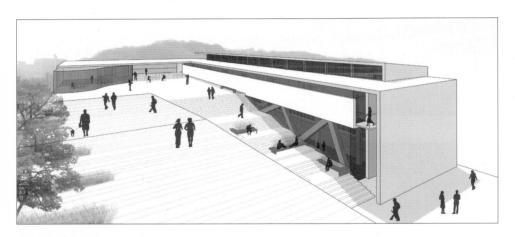

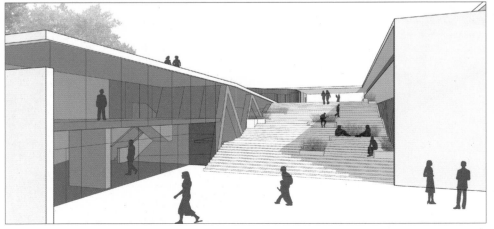

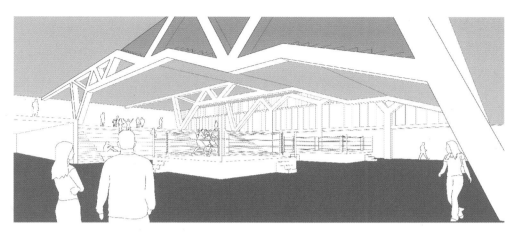

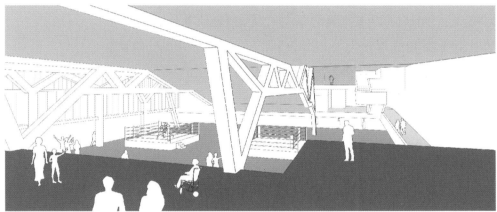

용산 신학생 기숙사   김준성

대한민국 서울, 근린 생활 시설, 1994

지금까지 땅을 추상화하거나 대지 조건이 건물의 형태와 관계가 되는
프로젝트들이었습니다. 이번에는 다른 경우를 소개하겠습니다 용산
후암동에 외국인 신학생들을 위한 기숙사를 설계해 달라는 요청을
받았어요. 사제관에 가서 인사를 드리고 나오는데 근처에 뱀 집이
매우 많더라고요. 뱀이 많이 자생했던 지역이라는 것을 생각하며 제게
남아 있는 〈뱀〉의 기억을 떠올렸습니다. 옛날에는 소풍을 가면 가장
먼저 샀던 것이 뱀 장난감이었어요. 대나무로 만든 뱀이었죠. 건물의
마디가 그 장난감의 움직이는 관절처럼 보였으면 좋겠다는 생각에서
출발한 안이었습니다. 물론 그 관절들은 빛과 바람을 받아들이는 열린
이음매들로 전환되었죠. 이 작품은 지어지지 않았지만 후에 홍천의
구속주회 양덕원 성당의 사제관에 응용되어 다른 모습으로 지어집니다.

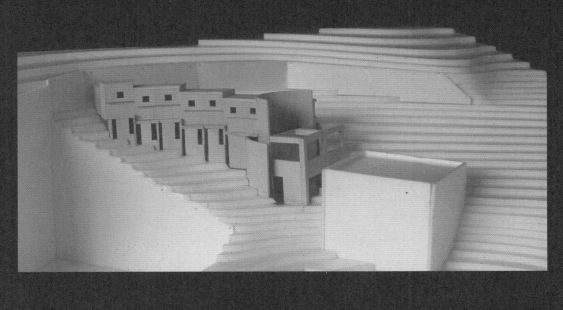

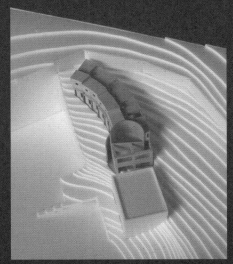

한남대 정보 도서관

김준성

대한민국 대전, 근린 생활 시설, 1997

대지가 가진 특성을 건축에 담았던 또 다른 프로젝트입니다. 현상 설계에 제출했던 안입니다. 현상 설계에는 두 가지 종류가 있어요. 하나는 자격을 갖췄다면 누구나 참여할 수 있는 〈공개 설계 경기〉이고, 다른 하나는 지정된 몇 사람만이 안을 제출하는 〈초청 설계 경기〉입니다. 이 프로젝트는 공개 현상 설계였어요. 2등으로 떨어졌지만 결국 1등 안도 지어지지 않았습니다.

건물의 대부분이 계단으로 되어 있어 하단의 마당과 상단의 뒷편 공간을 잇는 매개체로써의 도서관입니다. 유리로 된 깔끔한 모습의 단일 건물인 듯하지만 밖에서 보이는 지상의 공간만이 전부가 아니죠. 건물의 상당 부분이 외부 계단 아래에 숨어 있습니다. 지금 보면 특이하지 않지만 1990년대인 당시에는 많은 사람들이 낯설게 느꼈습니다. 심사평을 보니 〈이 계획 안은 훌륭하나 디테일을 풀 수 없다〉라고 하더라고요. 안은 좋으나 시공상 어려움과 문제점이 많다는 의미였는데, 나중에 그 안이 저희 것인 줄 알고 나서는 많은 분들이 안타까워했습니다.

밖에서 시작되는 풍경

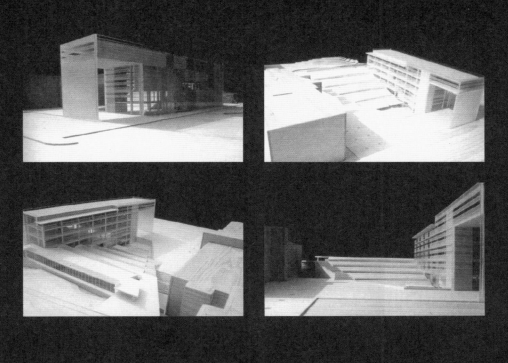
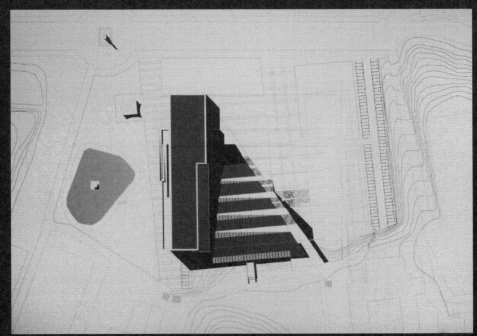

땅끝전망대

김준성, 토머스 한

대한민국 해남, 문화 시설, 2000

헤이리 영화 촬영소 작업을 같이 한 토머스 한과 함께 협업하여 설계
공모에 제출한 해남 땅끝마을의 전망대입니다. 전망대라고 하면 타워 한
개를 짓는 게 보통인데 저희는 타워를 4개로 구성하였습니다. 여러 개
동이 모여 사이 공간을 형성하고 그 사이 공간들을 수평적, 수직적으로
경험하게 한다는 안이었어요. 보통의 전망대는 한 번에 올라가서 보고
내려오는데, 이 공간은 솟대처럼 여러 개 올라와 한 곳에서 다른 곳으로
넘어가며 뷰를 경험하는 전망대입니다. 나중에 심사를 담당하셨던
전남대에 계셨던 교수님으로부터 전화가 왔어요. 〈이런 안을 내려면
연락을 좀 하고 내시지, 그 말밖에 할 말이 없네요〉 그러시더라고요.
〈알았습니다〉 하고 말았죠. 그때가 한 15년 전이었는데, 지금은 하나도
낯설지 않은 것들이 그때만 해도 굉장히 생소했어요. 지금은 건축의
지평이 더욱 빠른 속도로 확장되고 있습니다.

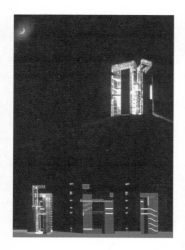

H 출판사 홍보관 & 게스트 하우스

김준성

대한민국 파주, 근린 생활 시설, 2007

인쇄업을 주업무로 하고 있는 출판 인쇄 회사의 프로젝트로 손님들을
위한 홍보관과 게스트 하우스를 헤이리 예술마을 내에 짓고자 계획한
것입니다. 홍보관의 대지는 경사각이 30도가 넘는 헤이리 안쪽 가장 높은
곳이었습니다. 계획 초기에 건축주로부터 글자의 형상을 건축화시켜
홍보관을 설계해 달라는 요청이 있었습니다. 그래서 한글의 모음과
자음을 연상시키는 콘크리트 구조물들의 조합으로 계획했지요. 어떤
구축의 방법을 써야 할지 여러 방안을 구상하여 그에 해당하는 모형들을
만들었습니다. 변형된 커튼 월 방식으로 해보기도 하고, 여러 재료를
가지고 그 특징을 보여 주는 시도도 했습니다.

　　　홍보관과는 별도의 부지에 작은 스케일로 계획되어야 하는 게스트
하우스는 표피가 내부가 되고 다시 그 내부가 표피가 되는, 외부와
내부 표피의 연속적인 변이 모습이었습니다. 구조가 구조에만 머무르지
않고 스스로 입면이 되고 프로그램이 되었으면 좋겠다는 생각을 담은
것이었습니다. 게스트 하우스는 자음을 발음하는 구강 구조를 생각하여
초기 모형을 만들었습니다. 최종으로 제안한 안은 흰색 판재의 입면에
격자 문양의 창호가 나 있는 모습입니다. 흰색 판재는 얇게 켠 대리석에
강화 유리를 붙인 석재 유리 패널인데, 이 재료는 미메시스 아트 뮤지엄의
바닥 재료로 쓰인 석재 패널 때문에 우연히 선택하게 되었습니다. 흰색
대리석은 고가여서 다른 대안을 찾을 수밖에 없었습니다. 석재를 건축
재료로 쓰려면 3~5센티미터의 두께가 있어야 버팁니다. 원 석재를
5밀리미터 두께로 얇게 켜서 유리에 붙여 복합 패널을 만들었습니다.
유리에 붙인 걸 보니 흰색 대리석에 빛이 투과하면서 돌의 무늬들까지

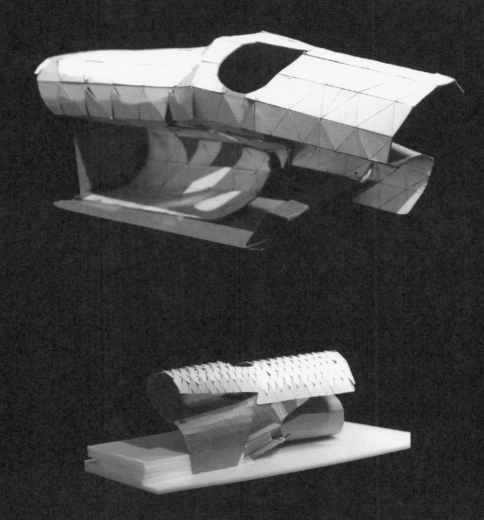

게스트 하우스 초기 모형.

다 보여 멋지더라고요. 바로 그 재료를 생각하며 최종 입면을
만들었습니다. 솔리드, 투명, 반투명한 것의 세 종류가 혼합되어 있는데
빛을 받을 때와 빛을 발할 때 저마다 다른 풍경을 안과 밖에서 느꼈으면
좋겠다고 생각했습니다. 이 프로젝트는 여기까지 하고 끝났습니다.
다만 이 재료에 대한 생각은 몇 년이 지나서 하용조 목사님 기념관에서
현실화되었습니다. 물론 이 집도 언젠가는 꼭 짓고 싶습니다.

　　　한국에서 건축을 한다는 건 상대적으로 불행한 일이라고
생각합니다. 유럽 사람들은 좋은 건축적 환경에서 자랍니다. 어릴 때부터
재료와 스케일을 자연스럽게 인지할 수밖에 없어요. 그런데 우리의
환경에서는 재료와 스케일을 깨닫기가 어렵습니다. 몸에 익숙하지
않으니까 학교에 들어와서 처음부터 다시 배우려니 쉽지가 않습니다.
그러니 불리한 조건에서 더 열심히 해야만 그들이 자연스레 터득한

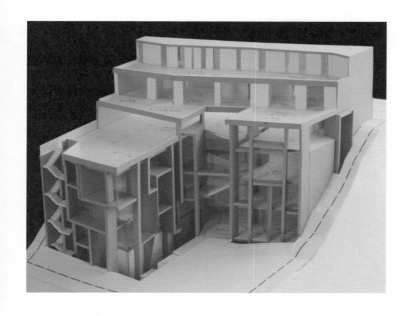

위치에 도달할 수 있습니다. 이 두 건물을 지을 때도 재료의 물성뿐만이
아니라 그 물성이 가지는 조화로운 단위 크기 그리고 그 단위 재료의 패턴
등등 설계 및 시공 과정에서 결정되어야 할 수많은 요소들이 기다리고
있었습니다. 하지만 계획 단계까지만 진행이 되었고, 건축주와 단지
조합과의 의견 충돌로 중단되었습니다.

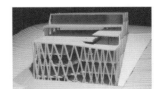

홍보관의 초기의 여러 안들.
도로 쪽으로부터 심한
경사가 있는 지형이다.

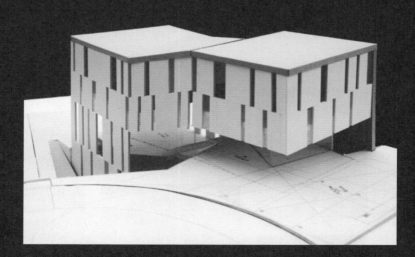

게스트 하우스 최종 계획 안.

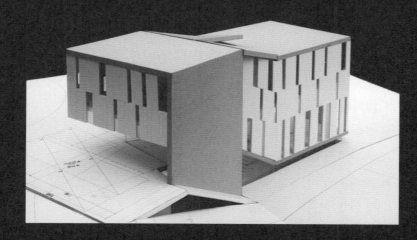
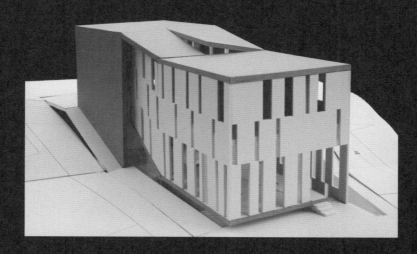

SK텔레콤 서대전 교환국사

김준성, 서혜림

대한민국 대전, 방송 통신 시설, 2002

기존 4층짜리 SK 기지국 건물의 입면을 어떻게 현대적으로 바꿀
것인가에 대한 설계 경기였어요. 당선이 되어 실시 설계까지 갔습니다.
재료는 투과율이 47퍼센트 정도 되는 얇은 금속 판입니다. 정면에서
보면 투명한데 사각으로 갈수록 점점 불투명해집니다. 입면이 다각으로
구성되어 있어 보는 시각에 따라 투명도가 변하며 내부의 기존 건물이
조금씩 다르게 보입니다. 부지 위치가 삼거리의 코너여서 그 앞의 도로를
회전하며 지나갈 때 안의 기존 건물이 부분적으로 보였다 안 보였다 하는
상황을 연출하려고 한 것이죠. 즉 재료가 가진 특성들을 이용해 부지의
고유한 상황과 맞물리게 하여 기존의 건축물과 새 입면과의 변화되어
가는 관계를 설정한 것입니다. 실시 설계까지 끝났는데 때마침 그룹 내
인사 이동이 있어서 종료된 프로젝트입니다.

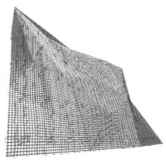

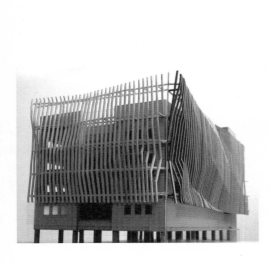

밖에서 시작되는 풍경

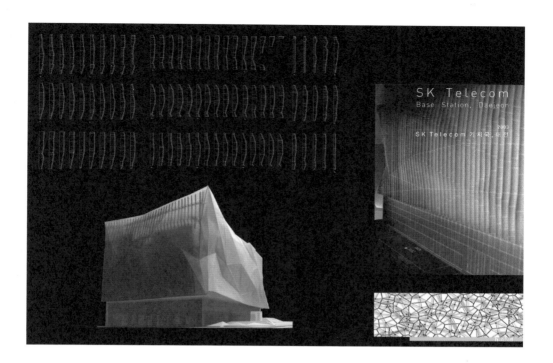

SK Telecom
Base Station, Daejeon
2003
SK Telecom 기지국, 대전

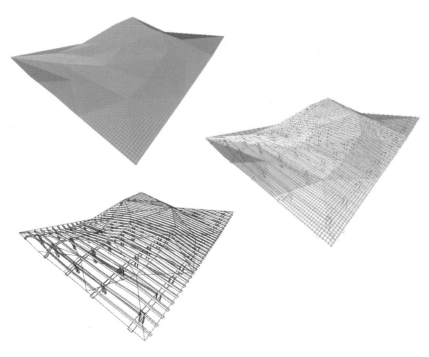

열린책들

김준성, 서혜림

대한민국 파주, 출판사, 2003

이 건물은 열린책들의 전 사옥입니다. 지금은 주인이 바뀌었죠. 〈어찌하여 이런 형상이 되었을까?〉 하며 저도 가끔 초기 의도를 의심하기도 합니다. 원래는 건물의 정면이 현재와는 다르게 계획된 것이었어요. 옆에 건물이 하나 더 있는 두 동의 건물 군으로 설계를 했는데, 이 건물이 먼저 지어지고는 종료되었습니다. 그 바람에 사이 공간에 있어야 할 측면이 갑자기 정면이 되면서 저 도발적인 모습으로 남게 된 것입니다. 저 자신도 많이 당황스러워서 남에게 보여 주고 싶지 않았습니다. 지어지지 않은 건물은 빛이 내부로 들어왔을 때 그 빛을 담아 줄 하얀 유리 항아리가 있는 듯한 깔끔한 모습이었습니다.

번역서를 많이 내는 열린책들을 설계하며 번역이란 무엇일까 생각했습니다. 번역이라는 것이 영원히 만나지 않는 평행선이나 마찬가지잖아요. 이탈리아어로 〈트라두토레 트라디토레Traduttore Traditore〉, 즉 〈번역자는 번역자다〉라는 말이 있습니다. 닮았지만 서로 만나지 않는 다수의 평행선을 지닌 형태로 나타낸 거죠. 형태적으로는 요란스럽지만 건물이 담아야 할 프로그램을 위한 언어였어요. 시공 과정에서 현장과의 소통을 위해 어떤 방법으로 도면을 준비해야 하는지 등 연구가 필요했습니다. 저희 사무실의 이름은 핸드예요. 많은 분들이 〈손이 많이 가는 건축물을 설계하는 곳이구나〉 하시더라고요. 사람들에게 그런 이미지를 주는 데 이 건물도 한몫했을 겁니다.

밖에서 시작되는 풍경

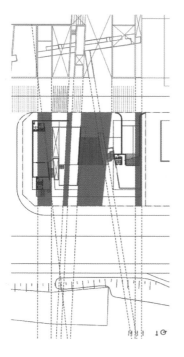

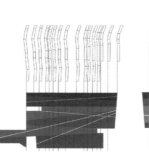

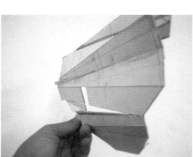

태권도공원

김준성

대한민국 무주, 운동 시설, 2008

2006년도쯤입니다. 〈전태일 기념관〉에 관해 국회 청문회에 건축가로서
출석하여 이야기할 기회가 있었습니다. 청계 5가에 미 해군 공병대가
있었어요. 그곳이 용산으로 이사를 가 3천 평이 넘는 그 중심지가 서울시
소유가 되면서 그곳에 전태일 기념관을 짓겠다는 것이었습니다. 그
기념관을 지을지 말지에 관한 공청회 자리였습니다. 건축가로서 입장을
말해 달라고 하니 전 솔직하게 〈기념을 하는데 왜 건물 세우는 것만을
생각하는지 모르겠다〉라고 했어요. 건축물은 물리적이잖아요. 공간도
생기고 관리도 필요하고 나이도 들어 가는 것이죠.

        우리가 아는 인권 운동가 마틴 루터 킹 목사의 기념관이 있을까요?
미국에 가면 인권 운동을 위한 협회가 있는데 그 협회 건물 로비에 킹
목사의 흉상이 하나 있을 뿐입니다. 전태일 씨가 죽었던 그 마지막 장소에
촛불만 24시간 켜놓을 정성만 있어도 많은 사람들에게 그를 각인시킬
수 있을 거라고 이야길 했습니다. 꼭 건물을 지어서 박제된 자료들을
갖다 놓고 그 원래 의미를 무색하게 만드는 일이 비일비재하죠. 〈3천
평이나 되는 땅에 전태일이라는 이름이 퇴색될 것 같은 그런 것을 하지
말자〉라는 게 건축가인 제 의견이었어요. 그때 청중석에 그 어머님이 와
계셨는데 우시더라고요. 너무 당황스럽고 가슴이 아팠습니다.

        그 일이 있고 두 해 정도가 지나서 국제 설계 경기에
초청받았습니다. 국내 팀 둘, 외국 팀 셋으로 총 다섯 팀이었습니다.
프로그램은 태권도 공원이고 장소는 무주였습니다. 반딧불 축제가
열리는 곳이에요. 반딧불은 공기가 좋지 않으면 나타나지 않죠. 그 원초의
환경에 소위 말해서 소림사를 만든다는 겁니다. 우선은 〈막아야겠다〉라는

생각부터 들었고, 그럴 수 없다면 건축가로서 최대한 그곳의 지형을 살리고 프로그램을 잘 앉힐 수 있는 안을 만들어야겠다고 생각했습니다.

땅을 보면 수로들이 있고 그 주변에 논밭들이 있습니다. 논밭은 농약을 쳤겠죠? 토지가 경화가 되어 있어요. 〈모든 시설물들을 이 경작지 안에 국한하자〉가 기본 아이디어였습니다. 이 안을 발표할 때 다음과 같은 말로 시작했습니다. 〈태권도는 원래 수비적인 무술이다. 그런데 올림픽에 정식 종목으로 채택되는 바람에 누군가를 발로 차야지 점수가 올라가게 되었다. 원래의 뜻으로 돌아가자.〉 즉 방어적인 자세로 건축을 풀어 보자는 의미였습니다. 매우 섬세하게 시설물을 넣고 싶었습니다. 최종 마스터플랜을 보면 건물의 존재감이 거의 없죠. 원래 존재했던 논밭의 흔적 위에 경계로 존재시키려 했습니다. 연습장은 일 년마다 번갈아 쓰면서 땅이 회복할 시간을 주자고 했습니다. 떨어질 줄은 알았지만 3등 안에도 못 들었습니다. 요즘은 이런 안이 과감하게 당선되기도 하지만 10여 년 전에는 좀 어려웠죠. 당선 안은 LED 등으로 반딧불을 연상시킨 아주 화려하고 시각적인 프로젝트였습니다.

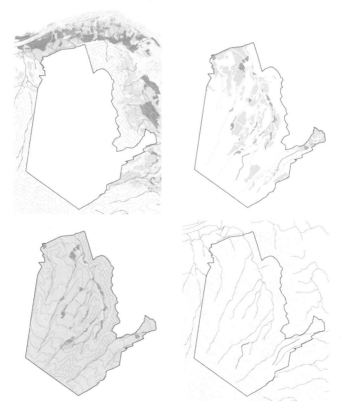

3

BUILDINGS AND OUTDOOR SPACES

Building

Outdoor Space Facility

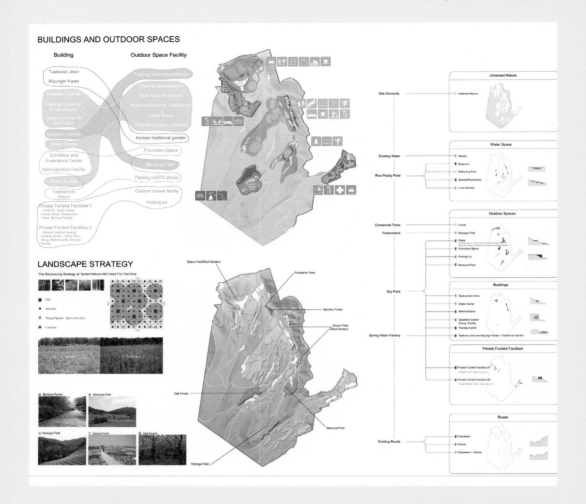

Taekwon Jeon
Myungin Kwan
Operation Center
Training Center for Professionals
Training Center for the Public
Research Center
Visitor Center
Exhibition and Experience Center
Administrative Facility
Dining Facility
Taekwondo Arena
Private Funded Facilities-1
- HANOK, Youth hostel, Hostel, Shop, Restaurant, Villas, Service Facility
Private Funded Facilities-2
- Korean medical energy healing center, Indoor Spa, Shop, Restaurants, Service Facility

Training Space(traditional)
Training Space(plaza)
Multi-purpose ground
Plaza symbolizing Taekwondo
Event Plaza
Popular Sculpture Garden
Korean traditional garden
Promotion Space
Memorial Park
Parking lot(873 stools)
Outdoor leisure facility
Parking lot

LANDSCAPE STRATEGY

The Recovering Strategy at Tamed Nature Not Used For Facilities

■ Oak
■ Sawmill
▣ Ringed Spindle - Spores Schedule
▣ Cork Oak

Bamboo Forest
Memorial Park
Heritage Field
Sedum Field
Oak Forest

Sedum Field/Roof Garden
Paulownia Trees
Bamboo Forest
Sedum Field (Roof Garden)
Oak Forest
Memorial Park
Herbage Field

Untamed Nature

Site Elements — Untamed Nature

Water Space

Existing Water — Stream
— Reservoir
Rice Paddy Field — Reflecting Pool
— Swamp/Desalination
— Lotus Garden

Outdoor Spaces

Conserved Trees — Forest
Pastureland — Heritage Field
— Plaza
— Promotion Space
— Parking Lot
Dry Field — Memorial Park

Buildings

— Taekwondo Arena
— Visitor Center
— Administrative
— Operation Center
Dining Facility
— Training Center
Spring Water Factory — Taekwon Jeon and Myungin Kwan + Traditional Garden

Private Funded Facilities

— Private Funded Facilities 01
— Private Funded Facilities 02

Roads

Existing Roads — Pedestrian
— Vehicle
— Pedestrian + Vehicle

LANDSCAPE STRATEGY

The Recovering Strategy at Tamed Nature Not Used For Facilities

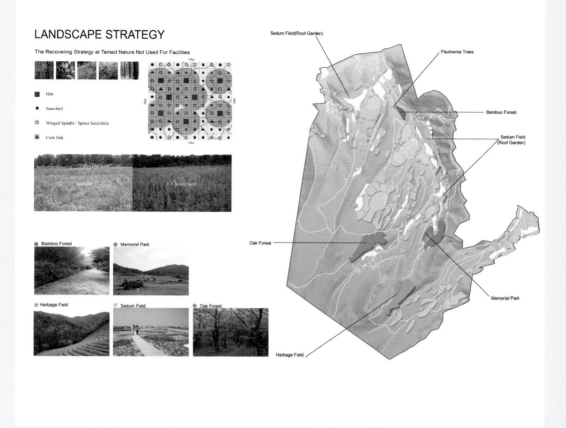

- Oak
- Snowbell
- Winged Spindle / Spirea Salicifolia
- Cork Oak

current   2-5 years later

- Bamboo Forest
- Memorial Park
- Herbage Field
- Sedum Field
- Oak Forest

Sedum Field(Roof Garden)
Paulownia Trees
Bamboo Forest
Sedum Field (Roof Garden)
Oak Forest
Memorial Park
Herbage Field

YTN 미디어 센터

김준성, 범건축

대한민국 서울, 업무 시설, 2009

YTN 신사옥 현상 설계에 참여했습니다. 조각처럼 비워진 공간을 건물
내부에 자리시키자는 것이 주된 아이디어였습니다. 좀 더 적극적으로
외부 환경을 내부로 초대하는 동시에 내부에서도 외부가 연속되는
공간의 일부로 경험되었으면 하는 바람으로 내부의 빈 공간으로써의
아트리움을 설계했습니다. 당시에는 저희 사무실이 토네이도 하우스에
있어서 〈토네이도 하우스의 중정이 이 프로젝트의 계획 안에 도움이
됐을까?〉라는 생각을 하기도 했습니다.

  저희가 디자인하고 싶었던 것은 건물 안의 비워진 보이드
공간이었습니다. 일반적인 아트리움을 다각의 입체적 공간으로 변형시켜
영상이나 미디어가 사용될 갤러리 공간을 만들겠다는 계획이었습니다.
열린 공간은 내피와 외피를 연결하는 주요 구조의 역할을 합니다. 외피
자체도 구조의 중요 부분이 되는 기본 아이디어로, 그 패턴은 구조
패턴과 유리가 끼워지는 커튼 월 외피가 공존하는 모습을 찾는 과정
중에 얻었습니다. 뉴스 시간이 되면 외피의 컬러가 달라지는 개념도
제안했는데 다소 만화스럽게 표현됐던 것 같습니다. 그래서였는지 공감을
얻지 못하고 떨어지고 말았습니다. 그런데 이때에 참여했던 다른 회사가
2년 후에 다른 공공청사 설계 경기에 이와 유사한 내부의 보이드 공간
어휘를 사용해 당선됩니다. 그때는 이해하지 못하다가 시간이 지나니
이해가 되는 것일까요?

밖에서 시작되는 풍경

SKY VIEW CAFETERIA 하늘정원

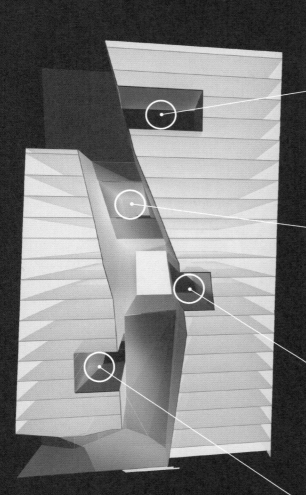

스카이 뷰 카페테리아

미디어 도서관

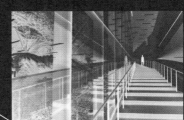
미디어 갤러리

미디어 카페

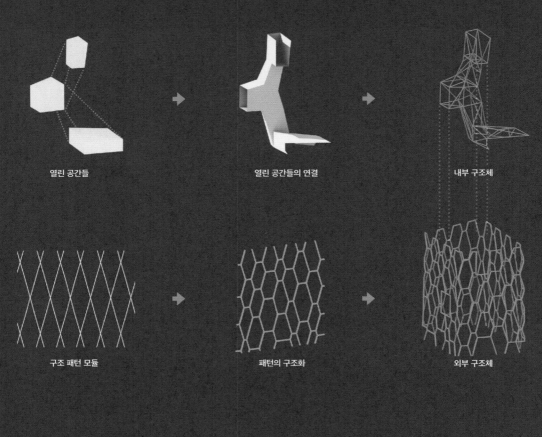

열린 공간들   열린 공간들의 연결   내부 구조체

구조 패턴 모듈   패턴의 구조화   외부 구조체

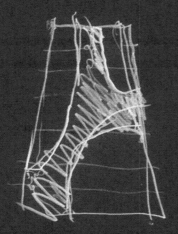

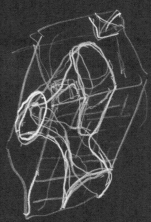

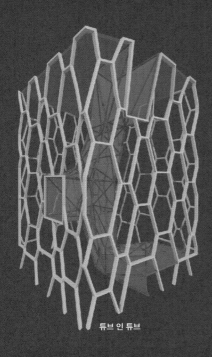

튜브 인 튜브

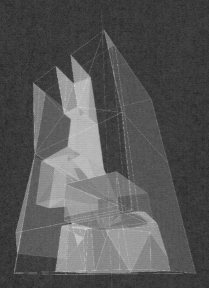
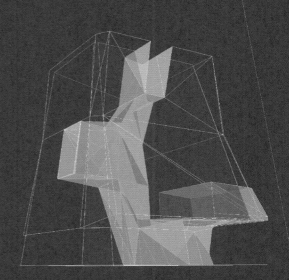

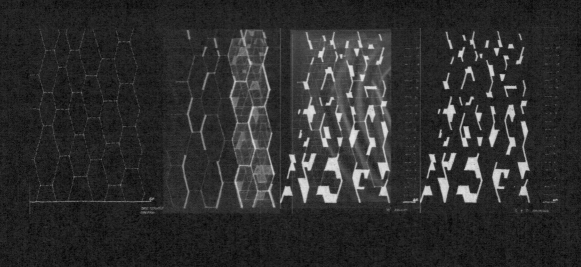

국립현대미술관 서울관

김준성, 피터 페레토,
박희령

대한민국 서울, 문화 및 집회 시설, 2010

큰 스케일과 더불어 공공이라는 의미에서의 마당을 이야기하고자
합니다. 두 젊은 건축가들과 같이한 국립현대미술관 서울관 설계 경기
프로젝트입니다. 지금은 완성되어 삼청동 길의 중심이 되었죠. 1등군,
2등군을 각각 5작품씩 뽑고, 1등군의 5작품 중에서 당선작을 뽑는 것인데
애석하게도 2등군에 들어가는 데 그쳤습니다.

해당 부지는 옛 수도육군병원과 기무사로 쓰였던 곳으로 도심에
비워진 채 남겨진 몇 안 되는 곳이었습니다. 기존의 건물을 보존하며 이와
어울리는 계획안을 내는 조건이었습니다. 저희가 주목한 것은 그 옆의
경복궁에 담이 있다는 것과, 담에 둘러 쌓인 궁의 내부가 대부분 비워져
있다는 것입니다. 또한 이 부지가 과거에 궁궐의 부속 시설로 문서 기록원
등이 있던 곳이라는 것도 알게 되었으므로 물리적인 구성을 궁궐과 닮게
하여 안을 만들었습니다. 즉 건축물로 담을 만들고 그로 형성된 마당을
비워 두는 거였어요. 그리고 담에 프로그램을 넣어 물리적 가림막 이상의
기능을 부여한 것입니다. 즉 독립적 건물로의 미술관이 아닌 〈마당을
만들어 가는 담〉이라는 매체로의 미술관을 제안했습니다. 마당은 성격이
다른 두 개의 마당으로 나뉘고, 전시관은 마당의 하부인 지하 공간에
배치되었습니다.

결과적으로는 1등군에 든 다섯 작품이 서로 많이 유사하다고
생각했습니다. 다양한 담론을 이끌어 내기 위해서라도 우리 것이 최종
경쟁에 참여했다면 어땠을까 하는 아쉬움이 남습니다.

NHABITED WALL
YMOCA

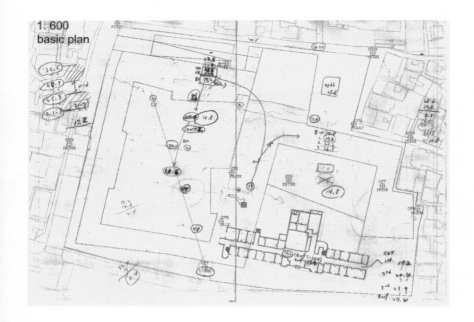

1:600
basic plan

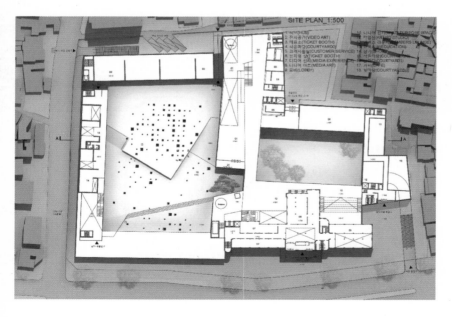

SITE PLAN_1:500

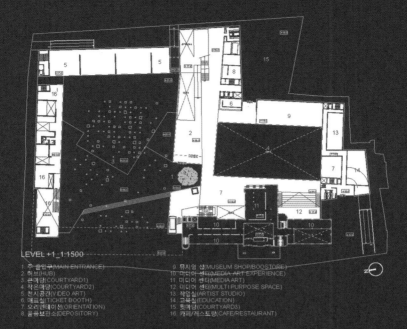

LEVEL +1_1:1500

1. 주 출입구(MAIN ENTRANCE)
2. 허브(HUB)
3. 큰마당(COURTYARD1)
4. 작은 마당(COURTYARD2)
5. 전시공간(VIDEO ART)
6. 매표실(TICKET BOOTH)
7. 오리엔테이션(ORIENTATION)
8. 물품보관소(DEPOSITORY)
9. 뮤지엄 샵(MUSEUM SHOP/BOOSTORE)
10. 미디어 센터(MEDIA ART EXPERIENCE)
11. 미디어 센터(MEDIA ART)
12. 미디어 센터(MULTI PURPOSE SPACE)
13. 작업실(ARTIST STUDIO)
14. 교육실(EDUCATION)
15. 뒷마당(COURTYARD3)
16. 카페/레스토랑(CAFE/RESTAURANT)

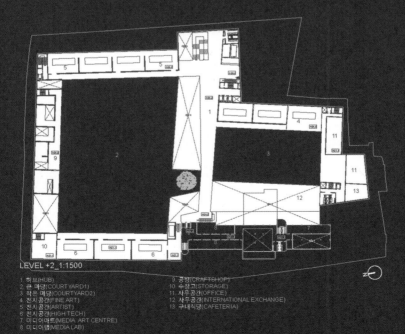

LEVEL +2_1:1500

1. 허브(HUB)
2. 큰 마당(COURTYARD1)
3. 작은 마당(COURTYARD2)
4. 전시공간(FINE ART)
5. 전시공간(ARTIST)
6. 전시공간(HIGH TECH)
7. 미디어아트(MEDIA ART CENTRE)
8. 미디어랩(MEDIA LAB)
9. 공방(CRAFTSHOP)
10. 수장고(STORAGE)
11. 사무공간(OFFICE)
12. 사무공간(INTERNATIONAL EXCHANGE)
13. 구내식당(CAFETERIA)

내부 조감도(PUBLIC HUB)

내부 조감도(KMOCA EXPERIENCE)

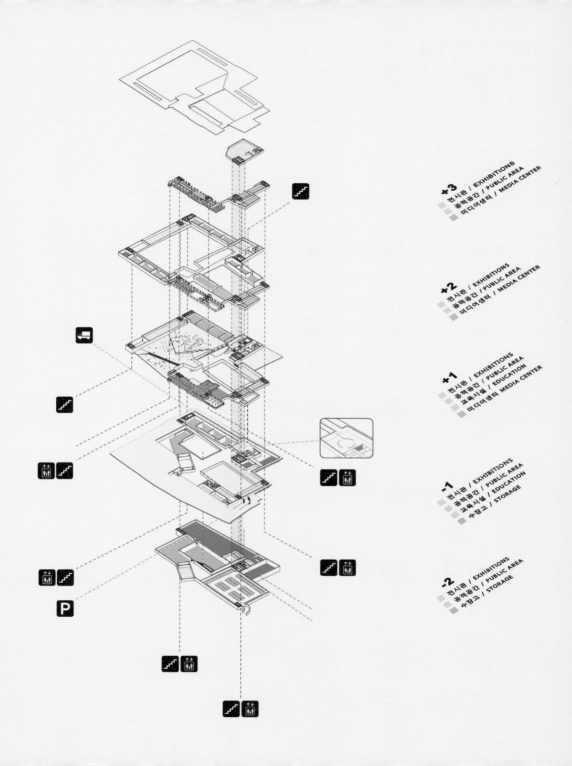

+3 전시관 / EXHIBITIONS
공적공간 / PUBLIC AREA
미디어센터 / MEDIA CENTER

+2 전시관 / EXHIBITIONS
공적공간 / PUBLIC AREA
미디어센터 / MEDIA CENTER

+1 전시관 / EXHIBITIONS
공적공간 / PUBLIC AREA
교육시설 / EDUCATION
미디어센터 / MEDIA CENTER

-1 전시관 / EXHIBITIONS
공적공간 / PUBLIC AREA
교육시설 / EDUCATION
수장고 / STORAGE

-2 전시관 / EXHIBITIONS
공적공간 / PUBLIC AREA
수장고 / STORAGE

대한민국 역사박물관

대한민국 서울, 문화 및 집회 시설, 2010

김준성, 피터 페레토,
박희령

피터 페레토와 함께 한 또 다른 작업입니다. 공개 현상 설계였는데 등수에도 들지 못하고 그냥 사라진 안입니다. 보석 같은 아이디어들이 많이 숨어 있었는데 전달력이 부족했어요.

　　원래 건물을 최대한 보존하면서 경사로를 통해 광화문 광장과 자연스럽게 이어지는 상승된 입구를 만들었어요. 기존 건물의 2층과 광화문 레벨이 이어지는 경사진 입구 광장을 만들어 여러 행위들을 유도하고자 했던 것입니다. 그런데 이런 아이디어들이 하나도 전달되지 못했습니다. 세련된 표현에만 신경 쓰다가 의사 전달을 놓치고 말았죠. 보여 주고자 했던 것들이 잘 전달되었으면 어땠을까 하는 생각을 합니다.

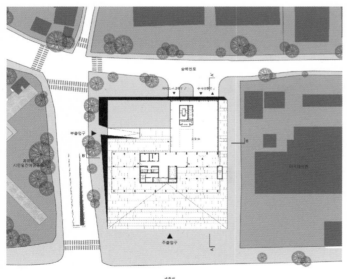

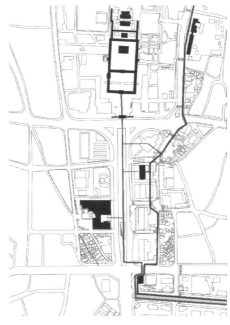

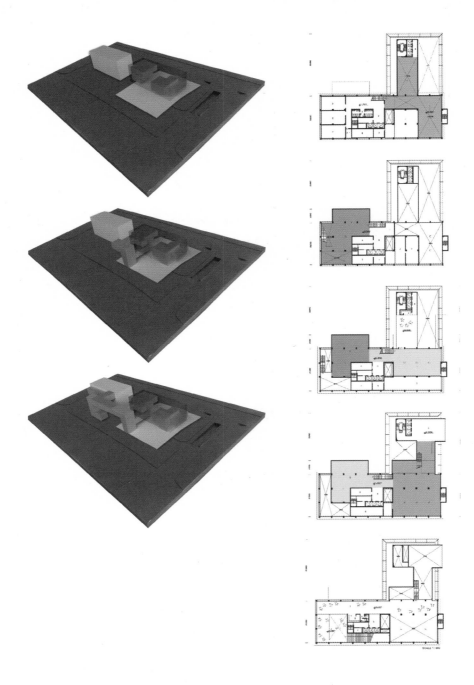

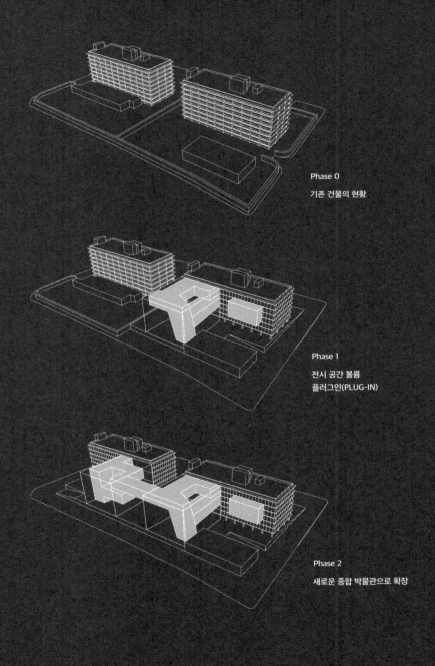

Phase 0

기존 건물의 현황

Phase 1

전시 공간 볼륨
플러그인(PLUG-IN)

Phase 2

새로운 종합 박물관으로 확장

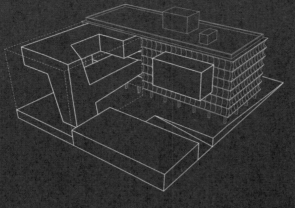

새로운 박물관

기존 건물을 보존하면서
볼륨이 삽입되거나 후면으로
확장되면서 새로운 박물관의
모습을 찾는다. 순서에
맞게 하부층으로 연결되고
전시를 내려오며 관람하게
계획되었다.

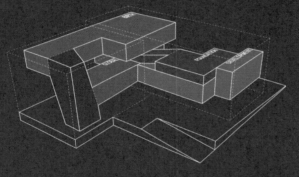

전시 공간

박물관 내의 전시관들은
분할되어 기존 건물에
세심하게 접속된다.

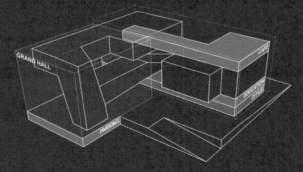

부속 프로그램

박물관의 부속 프로그램들은
박물관 내의 곳곳에 위치하고
있는데 이를 통하여
방문객들에게 다양한
동선을 제공하고, 경험할 수
있도록 한다.

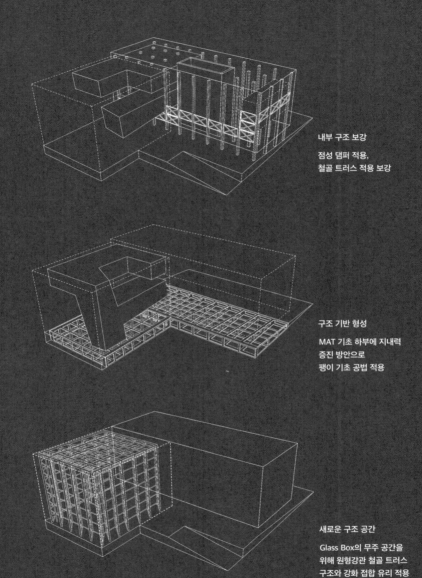

내부 구조 보강

점성 댐퍼 적용,
철골 트러스 적용 보강

구조 기반 형성

MAT 기초 하부에 지내력
증진 방안으로
팽이 기초 공법 적용

새로운 구조 공간

Glass Box의 무주 공간을
위해 원형강관 철골 트러스
구조와 강화 접합 유리 적용

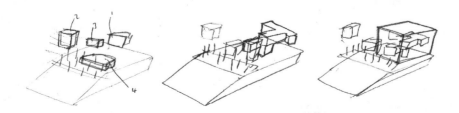

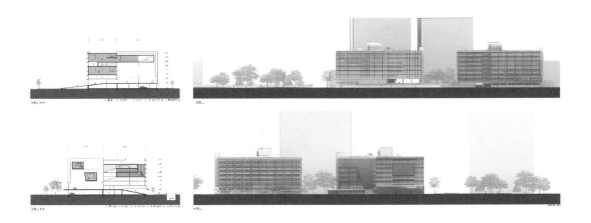

상암 DMC 외국인 학교

김준성, 시명건축

대한민국 서울, 교육 연구 시설, 2010

상암동에 유치원부터 초중고가 다 같이 있는 외국인 중고등학교를 위한
계획안입니다. 바로 그 프로젝트에 현상 설계로 참여했습니다. 우리에게
익숙한 학교의 모습처럼 주 건물 앞에 운동장이 있는 타입은 이곳의
도시적 환경에는 어울리지 않을 거라 생각했습니다. 운동장을 여러 켜로
나누어 도시에 있는 광장처럼 설계했어요. 2등에 머무는 데 그쳤고, 당선
안이 우리가 항시 봐왔던 보편적인 학교의 모습이어서 실망감이 더욱
컸습니다. 도심에 있는 공공 시설의 학교는 어떻게 해석되어야 하는지를
고민하며 장소성에 많은 관심을 두었어요. 모형까지 잘 만들었는데
아쉽게 됐죠.

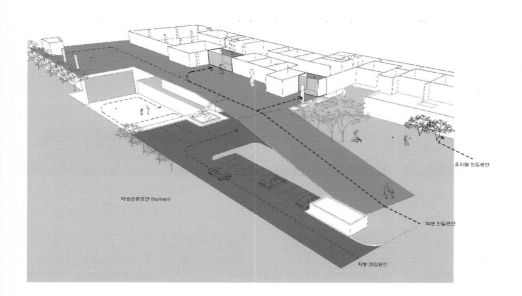

학생운동공간 (Sunken)

유치원 진입공간

학생 진입공간

차량 진입공간

Main Entrance View

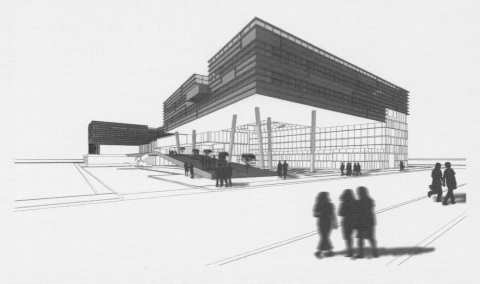

Open Sky View

Sunny Stage View

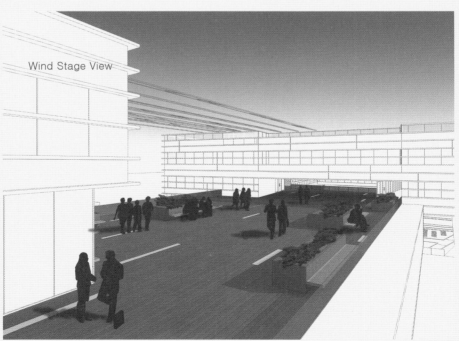

Wind Stage View

힐리언스 치유의 숲   김준성

대한민국 홍천, 교육 및 연구 시설, 2013

이시형 박사가 촌장으로 있는 홍천의 힐링 센터 증축 계획입니다.
선마을이라는 이름으로 알려져 있죠. 기존의 1단지 옆의 골짜기에
2단지를 짓는 계획입니다. 초청 현상 설계였고 당선이 되었어요. 주어진
땅은 골짜기였는데 그곳에 흐르는 물을 상상하며 안을 냈습니다.
골짜기에 물이 고이는 공간을 여러 개 만드는 것을 시작으로 잔잔히 고여
있는 물과 흐르는 물 등 물의 여러 속성을 이용하고자 했습니다. 스파동은
잔잔히 고인 물의 이미지를 가져다 〈침묵의 정원〉으로 형상화시켰고,
골짜기 아래의 워터드롭가든은 물이 떨어지는 낙수장의 이미지를 이용해
〈소리의 정원〉으로 디자인했습니다. 그리고 이 경사지에 정원을 이루는
장치들이 건축물이 되었습니다. 물에 잠긴 달을 보는 문 파빌리온도
소리의 정원들 위에 위치하고 있습니다.

       프로젝트가 약 2년 동안 진행되면서 실질적 지형에 맞춰 많은
변화가 생겼습니다. 그 와중에도 하늘이 비치고 그곳 지형이 반사되고,
고요한 물에 주변 상황이 담기는 느낌의 스파는 꼭 실행시켰으면
했습니다. 스파 안에서는 치즈처럼 구멍 난 천장을 통해 빛이 자연스럽게
쏟아져 물과 빛 그리고 우리의 몸이 원초적으로 관계 맺을 수 있기를
바랐습니다. 하지만 결국 디자인 후반에 이 삼각형의 스파동은
사라졌습니다. 숙소동을 설계할 때는 정결한 내부를 갖춘 방이 아닌
숲속에서 자고 일어난 듯한 환상을 주고 싶어 여러 고민을 하였습니다.
기존 1단지가 남향의 빛을 받으며 원경을 즐기는 모습이었다면, 새
2단지는 그늘의 주변을 촉감과 냄새와 소리로 느낄 수 있는 조금은
대비가 되는 건축이기를 바랐습니다.

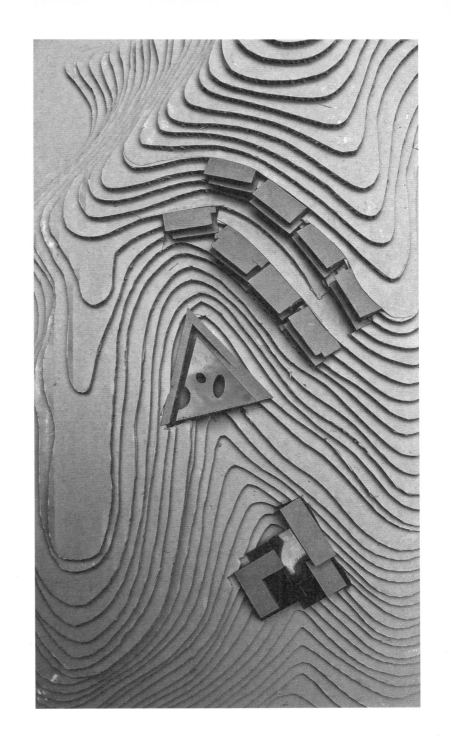

WATERDROPS GARDEN

F&B ZONE
- LEVEL : 265
- NET AREA : 315 ㎡ / 95.30 py
- PROGRAM : 유기농 레스토랑
  쿠킹 클래스, 영양상담실

CLINIC ZONE

EDU&FUN ZONE
- LEVEL : 255
- NET AREA : 157.5 ㎡ / 47.65 py
- PROGRAM : 유기농 카페 (야외 테라스)

- LEVEL : 255.4
- NET AREA : 324 ㎡ / 98 py
- PROGRAM : 아외점경원상태 (블랙룸)

- LEVEL : 250
- NET AREA : 472.5 ㎡ / 142.95 py
- PROGRAM : 숲속 도서관, 키즈센터, 나무 공작소

- LEVEL : 251.2
- NET AREA : 324 ㎡ / 98 py
- PROGRAM : 식사체험실
  진료상담실, 물리치료실

- LEVEL : 245
- NET AREA : 180 ㎡ / 54.45 py
- PROGRAM : 선마을 히스토리 갤러리
  힐링푸드 먹거리 & 로컬푸드 홍보 전시관

- LEVEL : 247
- NET AREA : 324 ㎡ / 98 py
- PROGRAM : 마사지 테라피실
  한방진료실, 파워 에이징실

- LEVEL : 240
- PROGRAM : 야외 공연장
  대강당, 소규모 강단

LEVEL : 260
LEVEL : 255
LEVEL : 255.4
LEVEL : 250
LEVEL : 247
LEVEL : 244.5
LEVEL : 245
LEVEL : 240

VILLAGE

- [강변] LEVEL : 290~263
- 8py : 5세대 / 10py : 13세대

- [강변] LEVEL : 265~259.5
- 8py : 5세대 / 10py : 5세대

(service) ROAD

- [강변] LEVEL : 281.5~286
- 8py : 10세대 / 10py : 5세대

- [강변] LEVEL : 276.5~281
- 8py : 10세대 / 10py : 5세대

합 계   8py : 30세대
       10py : 40세대

WATERDROPS GARDEN

F&B ZONE
- LEVEL : 265
- NET AREA : 315 ㎡ / 95.30 py
- PROGRAM : 유기농 레스토랑
  쿠킹 클래스, 영양상담실

CLINIC ZONE

EDU&FUN ZONE
- LEVEL : 255
- NET AREA : 157.5 ㎡ / 47.65 py

- LEVEL : 255.4
- NET AREA : 324 ㎡ / 98 py
- PROGRAM : 아외점경원상태 (블랙룸)

- LEVEL : 250
- NET AREA : 472.5 ㎡ / 142.95 py
- PROGRAM : 숲속 도서관, 키즈센터, 나무 공작소

- LEVEL : 251.2
- NET AREA : 324 ㎡ / 98 py
- PROGRAM : 식사체험실
  진료상담실, 물리치료실

- LEVEL : 245
- NET AREA : 180 ㎡ / 54.45 py
- PROGRAM : 선마을 히스토리 갤러리
  힐링푸드 먹거리 & 로컬푸드 홍보 전시관

- LEVEL : 247
- NET AREA : 324 ㎡ / 98 py
- PROGRAM : 마사지 테라피실, 파워 에이징실

- LEVEL : 240
- PROGRAM : 야외 공연장
  대강당, 소규모 강단

296
297

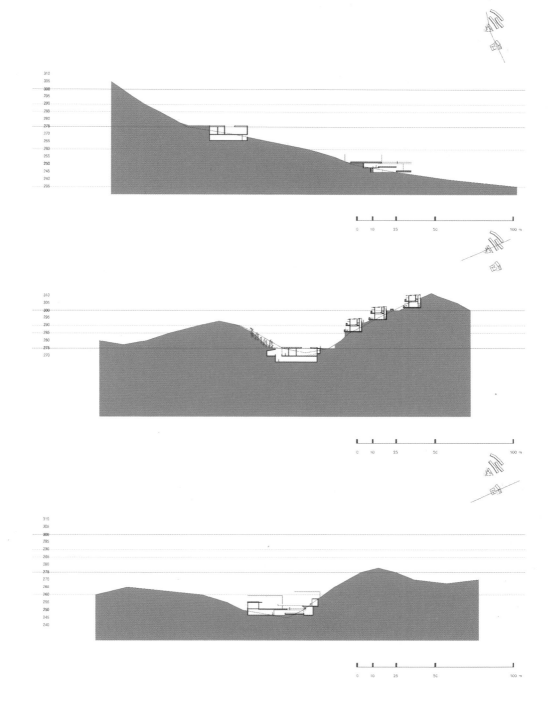

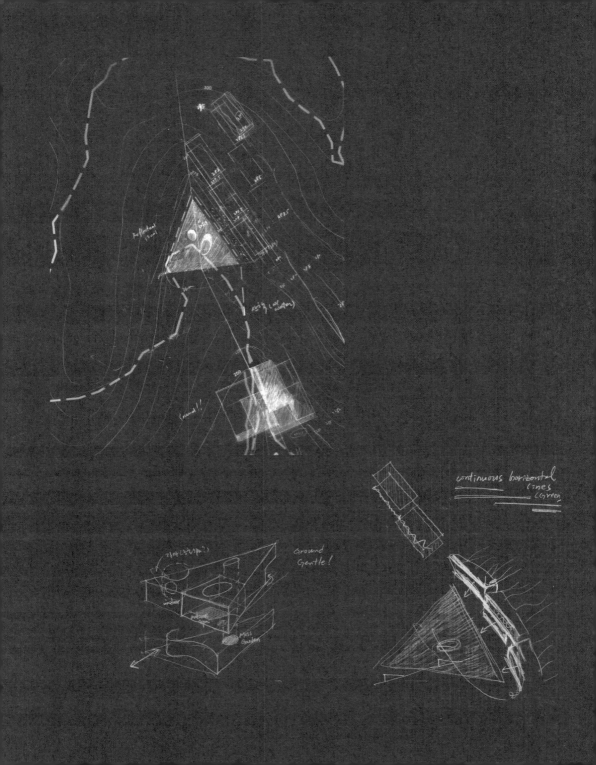

continuous horizontal
lines
(Green

Ground
Gentle!

moon watching
pavilion.

As Dams to
collect water.

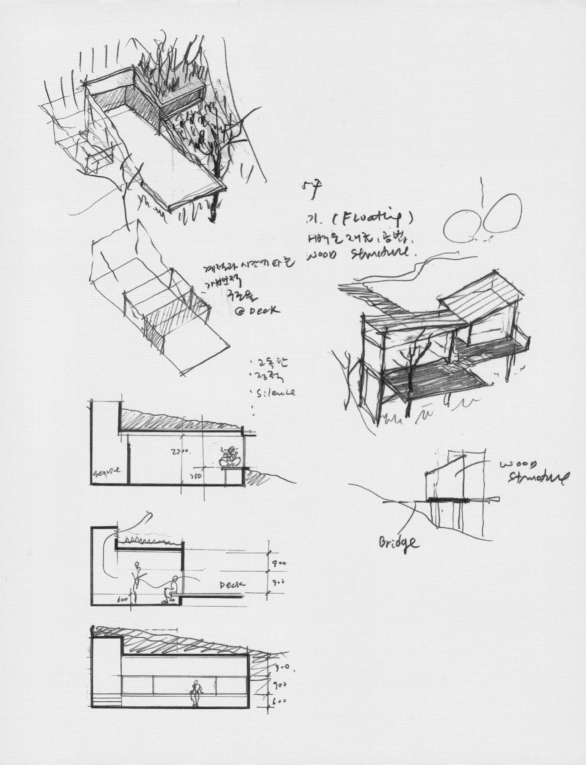

�47

기. (Floating)
서정으 2개초. 공법.
wood structure.

걱정과 시스끼 타드
가리에 온면적
경기물
@ Deck

· 2등반
· 경강력
· silence

2700

service

250

wood
structure

Bridge

Deck

900
900
600

900
900
600

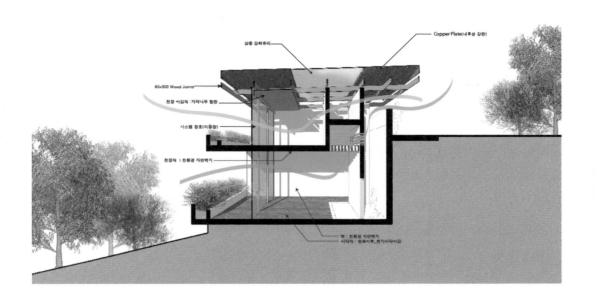

삼중 강화유리

Copper Plate(내후성 강판)

60×300 Wood Joints

천장 마감재 :자작나무 합판

시스템 창호(이중창)

천장재 : 친환경 자연벽지

벽 : 친환경 자연벽지
바닥재 : 원목마루_한지바닥마감

LEVEL: 305

LEVEL: 300

LEVEL: 295

LEVEL: 290

LEVEL: 285

LEVEL: 280

12,000

2,000 1,500 1,000 4,000 1,000 2,000

계원예술대학교 창업 및 산학협력관

김준성

대한민국 의왕, 교육 연구 시설, 2013

계원예술대학교 운동장 하부에 복합 문화 공간을 계획하는 초청 현상
설계였습니다. 기존의 운동장 레벨 아래로 학생회관, 동아리실 등
모든 시설이 배치되는 안입니다. 학교 전체 부지에 허용된 용적율을
다 쓴 상태여서 지상으로는 더 이상 신축을 할 수 없는 상황이었습니다.
건폐율 0퍼센트의 커다란 건물이 된 셈이지요. 지붕은 주변의 대지와
자연스럽게 이어지는 풍경을 만들어 내야만 하는 조건이었죠. 주안점을
둔 것은 프로그램 간의 경계 없이 띠의 형태로 공간을 엮고 그 사이사이에
마당과 같은 오픈 공간을 넣어 환경을 지상과 같은 조건으로 환원시키는
것이었습니다. 이후 지역법의 변경으로 허용 용적율이 높아져 대부분의
시설이 지상으로 올라오는 전혀 새로운 안으로 진화되어 갔습니다만
개인적으로는 지하에만 계획되었던 초기 안에 애착이 갑니다.

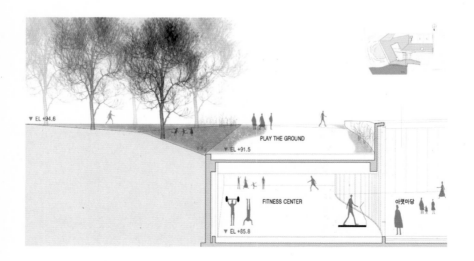

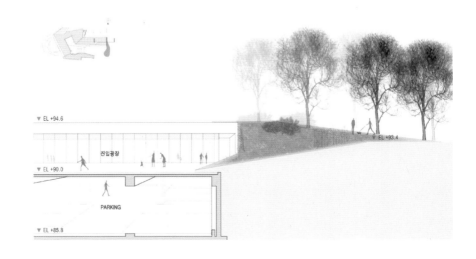

▼ EL +94.6

진입광장

▼ EL +90.0

▼ EL +93.4

PARKING

▼ EL +85.8

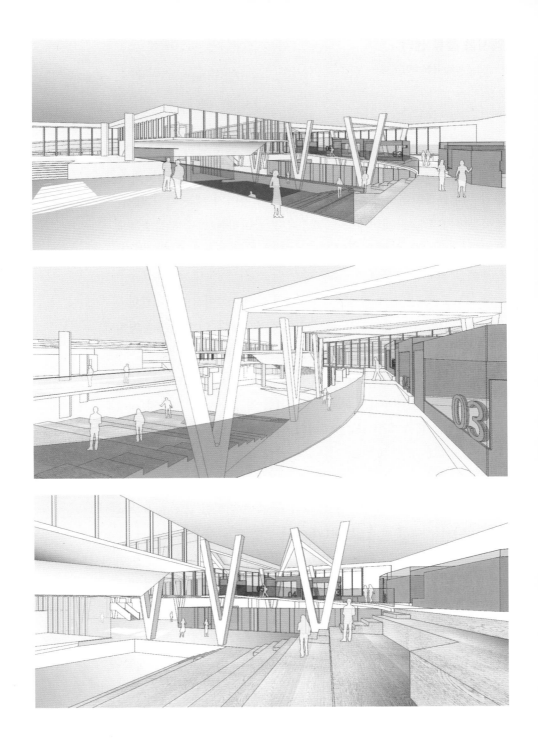

엑시옴 물류 센터

김준성

대한민국 의성, 공장, 2014

5~6년 전 꽤 규모가 있던 전자 회사의 신사옥 신축 설계 경기를 준비한 적이 있습니다. 하지만 마감 2주 전에 포기했습니다. 여러 가지 이유가 있었는데 클라이언트와 우리 사이에 의식의 차이가 너무 커서 안이 받아들여지지 않을 것이라고 느꼈습니다. 참여하는 건축 사무소들도 우리와 달리 모두 대형 회사였어요. 솔직히 모든 조건들이 평범하고 진부했습니다.

그 후 몇 년 뒤에 한 분이 사무실에 찾아오셨어요. 탁구 관련 물품을 만드는 엑시옴이라는 회사의 대표였습니다. 아버님이 운영하던 사업을 이어받아 고급화에 성공한 분입니다. 충북 음성에 7천 평 되는 땅을 샀대요. 거기에 공장, 사무실, 물류 센터를 통합해서 짓고 싶다며 설계를 부탁했지요. 첫날 이런 저런 얘기를 나누던 중에 〈사무 공간의 책상 폭은 150센티미터, 의자 폭은 180센티미터이어야 한다〉고 하더라고요. 우리의 습관적 상식과도 다르고 또한 가구 배치 자체에도 어려움이 있는 요구였습니다. 책상보다 왜 의자 공간이 커야 하느냐고 물으니 1년에 좋은 아이디어 두 개면 회사를 운영할 수 있는데 그 아이디어는 책상 앞에 앉아서가 아닌 누운 채 공상을 펼치면서 발생한다는 겁니다. 그 답을 들으며, 좀 특이하여 공개하지 않았던 이전 안이 문득 생각났습니다. 다음 미팅 때 그 자료를 그대로 보여 주었어요. 첫 반응이 〈1센티미터도 고치지 말고 이대로 만들어 주세요〉였습니다. 사람마다 보는 눈이 참 달라요. 무엇 때문에 보자마자 결정하게 되었느냐고 나중에야 물으니 그 안이 탁구공과 탁구채로 보여 바로 자기 것이라고 느꼈답니다. 물류 센터와 조립 공장 공간에는 기계가 왔다 갔다

해야 하니 어려울 거라고 했지만 그런 문제는 본인이 알아서 다 맞출 테니 제발 1센티미터도 고치지 말고 지어 달라고 했습니다.

지금 이 프로젝트는 시공 중입니다. 공장의 공사비는 보통 평당 250만 원 정도입니다. 순수히 기능만을 위한 시설이므로 250만 원이면 적은 금액이 아닙니다. 이 프로젝트에는 300만 원 정도 들 거라고 예상했지만 설계 과정 중에 예가를 내어 보니 평당 500만 원이 넘었습니다. 못 짓겠다고 생각했죠. 그런데 건축주가 짓겠다고 하더라고요. 〈내가 술을 덜 마시면 덜 마셨지 어떻게 애들 학원비를 깎나요〉라는 말을 남기면서요. 한 부지에 사무소, 공장, 물류 센터가 들어가는 프로그램이었지만 물의 정원, 하늘의 정원, 나무의 정원 등 3개의 정원을 갖는 하나의 건물로 계획하였습니다. 각 정원들이 프로그램을 적절히 나누는 사이 공간으로 작동합니다. 물의 정원만 300평 가까이 됩니다.

안식 학기에 두 달을 쉬고 와서 다시 설계 안을 보니 갑자기 건축주에게 미안한 마음이 들었습니다. 공장 설계를 해달라고 온 사람에게 식물원 설계를 내놓은 것 같아서요. 지금 잘하고 있는 건가, 아니면 누굴 현혹시켜 과도한 경비만 쓰게 하는 건 아닌가 하는 생각이 머릿속에서 떠나지 않는 겁니다. 하지만 벌써 땅을 파고 있습니다. 완성이 잘 되었으면 좋겠어요. 그런데 이분은 오히려 공사 끝나자마자 또 여기다 청소년 탁구 선수들을 위한 훈련장을 만들겠대요. 꿈이 보통 야무진 분이 아닙니다.

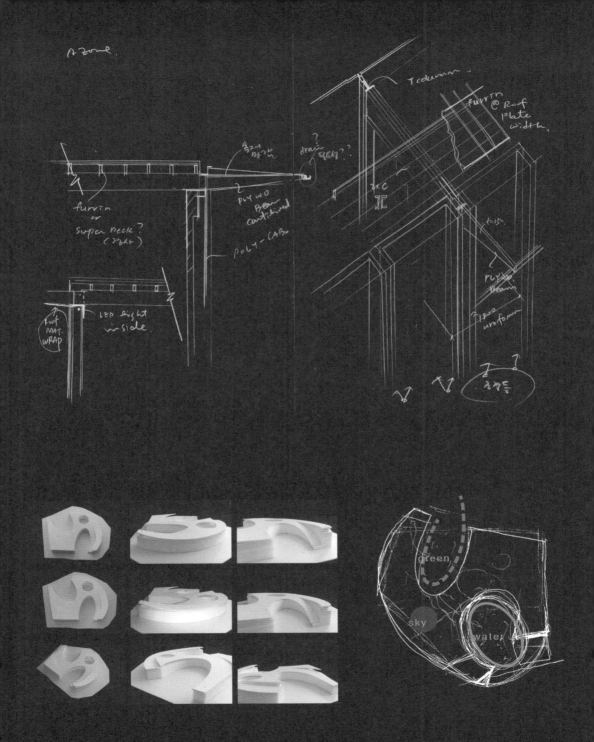

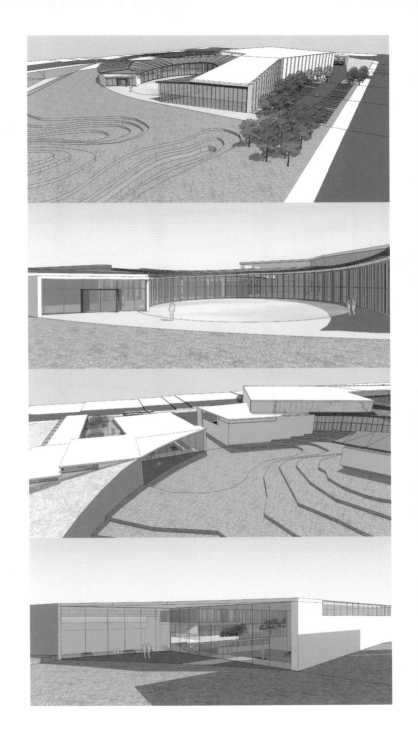

4 그리기와 만들기

한길 북하우스 & 책박물관

보림출판사

D 제약

삼성동 N 호텔

브라질로 이민을 떠났다가 우연한 이유로 다시 서울로 돌아와 줄곧 쉬지
않고 설계 작업을 한 지 벌써 25년이 훌쩍 넘어섭니다. 초기에는 김준성
건축 스튜디오를 운영하다가 IMF 때 대형 건축 사무소인 범건축에서 3년
여 설계 소장으로 작업했습니다. 그 후 헤이리 예술마을 작업을 위해 다시
독립 사무소를 꾸렸고 그 이후 서혜림 건축가와 함께 힘마건축으로 2년
정도 활동했습니다.

저는 운이 좋기도 했습니다. 1987~1988년 포르투갈에서 알바루
시자 사무소에서 일했는데 그때 참여했던 프로젝트 중 실제로 지은 것은
하나도 없어 쭉 아쉬운 마음이 남아 있었는데 20년이 훌쩍 지난 어느날
갑자기 미메시스 아트 뮤지엄을 짓게 된 것만 봐도 축복받은 운명이
아닐까 생각합니다. 선생님과 20년 만에 진정으로 조우할 수 있었던 거죠.

브라질 이민 생활 중이던 1978년도에 남미 여행을 떠났어요. 4개월
동안의 여행이었고 종착지인 볼리비아를 통해서 브라질로 돌아오는
계획이었습니다. 그런데 페루에서 고산병에 걸리는 바람에 도저히
계획한 일정을 소화하지 못하고 그대로 여행을 정리하고 돌아왔습니다.
완결시키지 못한 여행으로 쭉 마음속에 남아 있었죠. 서울로 돌아와
얼마 안 되어서부터는 학교 강의를 쉬어 본 적이 없습니다. 그러다가
작년에 처음으로 연구 학기로 정하고 강의를 쉬었습니다. 그런데 바로
볼리비아의 도시 라파스에서 워크숍이 있다고 초대를 받았습니다.
남미의 현존하는 도시 문제가 있다는 곳들에서 2년에 한 번씩 건축가들이
모입니다. 그 도시가 필요로 하는 해결책들을 제안하는 행사로 열흘
동안 열리죠. 2006년 부에노스아이레스 건축 비엔날레에 참여를 했다가
그때 만났던 친구들이 계기가 되어 초청받은 것입니다. 상상이 쉽게
안 될 테지만 라파스는 해발 4천 미터의 지구상 가장 높은 수도예요.
감동적이었죠. 스물한 살에 끝맺지 못했던 여행을 삼십여 년이 지나
완성한 겁니다. 그때 제가 오프닝 강연을 맡았습니다. 많은 청중들이

있었는데 이러한 개인적 이야기로 강연을 시작하니 우레와 같은 박수가
쏟아졌습니다. 감사하다는 생각을 많이 했습니다.

　　그동안은 새로운 것들을 시도하려고 했습니다. 〈나만의
스타일〉이라며 어떤 것을 정하는 일은 하지 않았습니다. 아마 내
것이라고 찾아낸 것이 없었는지도 모릅니다. 그런데 5년 전부터는 다른
생각이 듭니다. 〈이렇게 새로운 것만을 추구하는 게 정말 맞는 것일까?〉
당연히 새로움이 목표는 아니었어도 항시 미완성의 부족함은 찌꺼기처럼
쌓여 갔던 겁니다. 그리하여 잘하는 것을 좀 더 집중해서 하는 게 이제
내가 가야 할 방향이 아닌가 하는 생각을 하게 되었습니다. 그래서
사람들에게 〈김준성〉하면 생각나는 게 무엇인지 물어봤습니다. 대부분
사람들이 똑같은 걸 해도 핸드에서 만드는 건 조금 다르다는 이야기들을
해주셨습니다. 조금 더 정성이 들어간다는 뜻이었습니다. 〈핸드〉가
손이잖아요. 손이 많이 가는 집단이라고 농담도 하지만 그 손맛이 있어야
〈잘 만드는〉 것이겠죠. 그리하여 오늘 이야기의 제목은 〈그리기와
만들기〉입니다.

　　건축은 최종적으로 〈만드는 것〉이죠. 만들기를 위해서 그려야
하잖아요. 어떻게 만들 건지를 그려야 하니 어떻게 그리느냐도 무척
중요합니다. 어떤 도구를 통해 그리느냐의 문제이기도 합니다. 제가
건축을 배우고 실무를 시작했던 시기가 건축가들의 도구가 급격하게
변하던 때였어요. 대학원에 다닐 때만 해도 캐드(CAD, 컴퓨터를 사용한
도면)가 보편화되지 않았어요. 캐드 과목이 하나 있었는데 당시에 캐드
드로잉을 능숙히 하는 사람은 60명 중에서 한둘뿐이었습니다. 그걸
또 부러워하는 분위기도 아니었고요. 당시 일했던 사무실에서 캐드가
도입되었는데, 호기심에 한쪽에서 용도를 익혀 봤습니다. 그러다가
3~4년이 지나니까 대부분이 캐드로 도면을 그렸습니다. 그리고 지금은
손으로 그리는 사람이 거의 없죠. 그 변화의 시기를 거쳤던 사람으로서 두

가지의 경험을 통해 〈놓쳤던 것〉에 대한 의미를 찾아보려고 합니다.

　　1995년도에 국내에 처음으로 경기대학교에 건축전문대학원이라는 것이 생겼습니다. 미국 동부는 아직도 대학에 건축학부가 없는 경우가 많아요. 대학원 위주로 건축을 가르치고, 그 대학원은 전문 대학원 체계입니다. 저는 동부에서 교육을 받았기 때문에 우리나라에도 전문 대학원이라고 하는 그야말로 다양하면서도 전문적인 건축 프로그램이 절대적으로 필요하다고 믿었죠. 건축 교육이 있긴 했지만 그다지 전문화되거나 신선한 동기 부여를 이끌어 내지 못했습니다. 하지만 과거와 달리 많은 정보를 접하면서 학생들은 조금 더 세련된 건축 교육을 받고 싶어 하는 욕구를 가지기 시작했습니다. 전문 대학원을 만들고 얼마나 많은 건축학도들이 제대로 된 공부를 하고 싶어 했는지 더 절실히 깨달았습니다.

　　제가 경기대 건축전문대학원에서 5년쯤 가르쳤습니다. 그만두게 된 큰 이유는 학교에 있으며 안주하기에는 너무 젊지 않은가 하는 생각 때문이었습니다. 그래서 일단 직접적인 건축 작업을 더 하다가 다시 학교로 돌아오자는 생각이었습니다. 그런데 이후에도 쉬질 못하고 다른 교육 기관에서 계속 가르치게 되었습니다. 근래에 들어 건축 교육에 가장 큰 변화라면 〈건축학교육인증제도〉가 생긴 것입니다. 전문 교육의 기준을 해외의 사례들에 맞추면서 학부 교육을 4년제에서 5년제 프로그램으로 바꾼 것입니다. 5년제 학부 졸업생들은 대학원 진학을 고려하지 않는 상황이 되고 건축전문대학원들이 문을 닫기 시작합니다. 이런 상황들이 계기가 되어 저는 건국대학교 건축전문대학원의 부름을 받아 학교로 다시 돌아왔습니다. 개인적인 소견이지만 건축전문대학원의 꽃은 학부에서 전공을 하지 않은 학생들이에요. 다른 학문을 공부한 사람들이 들어와서 3년제 프로그램을 이수해요. 전공하고 온 친구들보다 1년 더 하는 거죠. 건국대에 간 첫 해에 비전공자가 대여섯뿐이었는데 지금은 전공자들보다 더 많아요. 개인적으로 바람직한 일이라고 봅니다. 전문대학원의 설립 의미가 바로 여기에 있는 게 아닌가 생각해요.

저는 비전공자 3년 과정의 첫 1년을 가르칩니다. 기초 디자인 스튜디오라고 해요. 이 수업에서 저는 컴퓨터를 못 쓰게 합니다. 손으로 그리고 만들면서 그동안 인지하지 못했던 여러 감성과 사고에 대해 이야기를 하는데, 다시 말해 느껴지는 건축을 함께 풀고 고민하는 과정을 거치는 것입니다. 건축은 이미지로 소통하는 것입니다. 이미지를 만들기 위해서는 이미지로 사고해야 합니다. 글을 쓰는 사람들은 글을 쓰면서 생각이 정리되듯이 그려 보고 만들어 보면 사고가 발전하게 됩니다. 우리는 정보가 넘쳐나는 시간을 살아갑니다. 그러다 보니 정보를 그대로 가지고 오는, 즉 남의 것을 그대로 가져와 자기 것으로 발표하는 오류를 범하기도 해요. 정보를 본인의 아이디어로 전환하려면 여러 과정과 연습을 거쳐야 합니다. 실제로 건축 사무실에서 일하는 많은 건축 견습생들도 크게 다를 것은 없어요. 쉽게 접하는 이미지들의 내면이나 완성 과정에 관심은 없고 새롭다는 것에만 집착하기 일쑤예요. 그러다 보니 무엇을 조합해서라도 새롭게만 보이면 성공한 듯 착각에 빠집니다. 제가 일하며 배울 때는 그럴 겨를이 없었습니다. 주어진 것 없이 매 프로젝트 성격에 맞추어 모든 것을 하나하나 새로 디자인해야 했어요. 스티븐 홀이 현대 건축은 〈카탈로그 건축〉이라고 얘기해요. 제품으로 이루어진 건축이란 뜻인데 실제로 우리의 건축을 잘 살펴보면 ○○창호에 ○○하드웨어, ○○마루널 등 다 기성 제품으로 점철되어 있어요. 마치 제품이 재료인양 설계를 하고 있어요. 다시 잘 되새기며 반성해야 합니다.

지금 이 강의가 열리고 있는 미메시스 아트 뮤지엄을 자세히 살펴보셨나요? 벽에 나 있는 창호를 보면 그냥 벽에 구멍을 뚫어 창을 내는 방식이 아닙니다. 창을 내려면 몸체가 같이 움직여야 합니다. 몸체의 일부이기에 그 창호의 크기와 재질 그리고 벽과 만날 때의 디테일들이 일반 창호 제품을 끼우는 것과는 다르겠지요. 시자 선생님이 왔을 때가 골조 공사가 끝나고 마감 공사를 시작하던 때였어요. 둘러보시다가 어떤 창호 앞에서 멈췄어요. 본인 구상과는 다른 점을 발견하시고 어떻게 해야 할까 고민했던 거죠. 창틀은 어떻게 할 것인가. 내부는 또 외부는 어떻게 재료와 만나게 할 것인가. 그 창 앞에서 아마 두 시간을 이야기한 것 같아요. 그땐 말도 못 하고 속으로 식은땀 꽤나 흘렸지요.

　시자 선생님이 1960~1970대 포르투 대학교에서 학생들을 가르치셨어요. 뭘 가르치셨을 것 같아요? 디자인 스튜디오일 것 같죠? 시공 수업을 하셨어요. 그리고 학기 내내 과제는 딱 하나였다고 해요. 〈창문 내기.〉 창문 디테일을 고민하도록 하는 것입니다. 창은 윗부분이 있고 양옆 그리고 아래쪽이 있죠. 그 부분마다의 디테일을 각자의 개념에 맞추어 디자인해 만드는 것입니다. 건축을 하기 위해서 기본적으로 알아야 하는 것인데 우리의 교육은 형상만 가르치기에 급급해요. 건축 설계를 하며 각각의 고유 상황을 연출하여 또 그 상황에 맞는 구축의 디테일들을 하나하나 이루어 나가는 것이 바로 원칙이겠지요.

　루이스 칸Louis Kahn에게는 매 프로젝트마다 그만의 고유한 구축 방법이 있었습니다. 그 시대의 가장 영특했던 엔지니어들과 항상 같이 작업을 해서일까요? 칸은 펜실베이니아 대학교에서 오랫동안 그리고 마지막 순간까지 학생들을 가르쳤습니다. 그러면서 학교 내에서 구조 연구실을 운영했습니다. 그 연구실에서 몇 년간의 연구 결과를 정리한 자료 중 칸의 사후에 발표된 것이 있었는데 대학원 때 처음 보게 되었습니다. 무중력, 무한대의 빔. 구조에서는 궁극적인 목표이죠. 사실 답이 없는 이야기이지만 그래서 거부할 수 없는 목표이기도 합니다. 강아지가 자기 꼬랑지를 물려고 뱅글뱅글 도는 것처럼 영원히 해답이 안 나오지만 찾으려고 노력하는 것입니다.

　1990년대 중반만 해도 우리나라의 대학 건축과에 구조 실험실이 주요한 부속실로 있었습니다. 하지만 그곳에 주어진 기계들 대부분은 강도 실험을 위한 콘크리트 파괴기 같은 것들이에요. 사실 필요한 것은 그런 것이 아니죠. 우리는 물리적으로 지을 수 있으면서 미적으로 훌륭한 구조를 연구할 실험실을 원합니다. 그러한 현상들을 보면 건축과 구조 디자인에 대한 생각이 너무 적나라하게 드러납니다.

그 전에는 건축을 형태적으로만 봤었는데 루이스 칸의 구조 연구실에서 발표한 자료들을 통해 한 단계 더 들어가 구축적으로 보기 시작했습니다. 〈어떤 게 힘을 받는 것이고 그 힘들은 어떤 형태를 요구하는가? 구조 전체가 가장 큰 디자인 요소이기도 하는구나〉라는 생각들을 하며 디자인을 생각할 때 구조까지 동시에 생각하게 되었지요. 존재했던 구조의 또 다른 가능성에 눈을 뜬 것입니다.

61
62

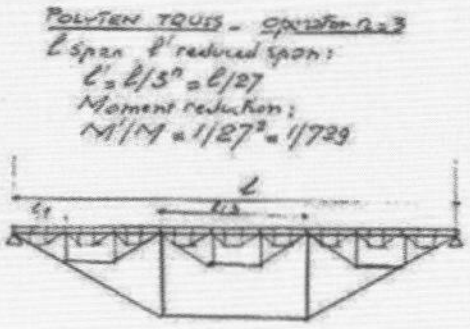
l span l' reduced span:
l' = l/3ⁿ = l/27
Moment reduction;
M'/M = 1/27² = 1/729
l

'THINGS THEMSELVES ARE LYING, AND SO ARE THEIR IMAGES'

Things are moving so fast. You know, they have a tendency to become less pure. Before, it was much more restful and in some way, I think, wonderful, for we had not the feeling that we were only dealing with partial truths, which is the case today. I don't know why, time had not the same value as it has now. Maybe man wants to live this way, putting more events in his life, getting his life fuller. I wish it were an explanation, but I can't help thinking that it's a little like a dog running after his tail; you just go round and round. But somehow one has to move.

All sorts of new ideas have come on the market, and the spectrum is becoming very wide. Even the idea of research with experimental structures has taken on terrific proportions. Whereas fifteen years ago, in Paris, at the Beaux-Arts, they would have laughed at you for thinking that perhaps you could use a shop and some welding torches. They would look at you as if you were some guy trying to propose welding torches to Plato. He would have said no, these things don't belong with the straightedge and the compass, that's all. It's a very easy way of encircling knowledge, to certain facets: this you're allowed to do, this you're not. If a more juvenile approach could have been taken, much more would have been possible. But believe me – and this wasn't so long ago – I saw at a faculty meeting here that our idea of doing research was still absolutely misunderstood. I was advocating the creation of shops and a laboratory dealing with space frames, grids, tension structures, and so forth, and someone, whose name I've fortunately forgotten, said, 'To research what? Research of what?' It was kind of infuriating, this aggressive way of his, so I said, 'Well, that's simple: zero weight, infinite span.' I am not certain this was understood, but the years that followed showed that the joke had a pretty good point. You know it can't be done, but at least it's a limit that we could try to go to. It's, as I think Lou Kahn would say, a desire, a human desire to do. Why that is so, I don't know. Maybe man has a very stupid attitude, trying to do better than what has been done, but in a way, maybe it's a source of excellence, man never satisfied with himself – he wants to transcend himself, or to find some kind of thing that doesn't exist. He wants to go farther. Of course it's a way of devastating yourself, because there is just no end to it.

Really my vice, I should say, is curiosity. 'What about that?' 'How come we have not been careful to see what happens if we do this?' It's always this vicious curiosity. I mean the whole damn thing is to ask questions all the day. Sometimes you can't answer them, but sometimes you can produce the element. When you face some question you can't answer, you have to find some better tools. The point is that you're probably not prepared for this question. At this moment a book may be of some help, but I don't think there's any psychic to tell you the way to discover the nature of things. It's something that you come to feel or you don't. I think really the secret is to be curious. You see, we are our own first problem. What makes us different? Why should a guy be interested in some stupid things like leaves? – which are not stupid at all, but, you know, we are very mysterious. People have got a personality, and maybe they're not interested in leaves. Maybe they're interested in minerals. Minerals have a kind of unknown prestige for them. Why, we don't know. There are hundreds of other questions which are probably of the same importance. But to know what is really your interest is great: not to distribute your attention everywhere, to find your focus of interest, what is a big problem, what is a big question. So, for instance, you may be pursuing a peculiar study of nature

1. An early application of the Isoflex system, using sheets of corrugated plywood superimposed crosswise, 1937

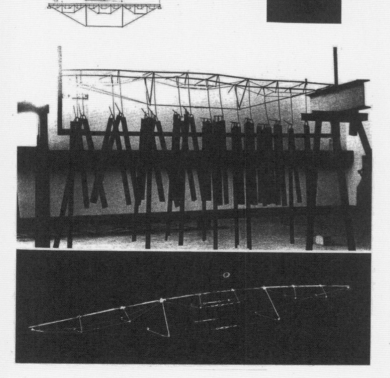

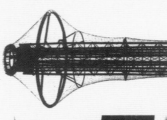

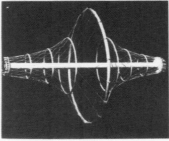

11. Drawing of radiolarian, by Ernst Haeckel

'We can associate cyclic forms to cyclic patterns of re-formation, as those found in structures submitted to vibrations, a self-adjustment of form tending toward an optimum equilibrium condition. The radiolarian *Aulonacria* | see diagram of elevated section below caption 1 shows this cyclic organisation ruled by automorphism. In a truly adorable way: the inner sphere radiates spicules which are reinforced by peripheral wall reproducing the initial form, this being repeated a number of times. With the geometric differentiation between open configurations, typical of the growth of crystals and found in natural forms and closed configuration, which are their duals, organised for crystals and permanence, we are thus led to the notion of 'biocuplities', the combination of a form with its dual. This is also a way of going from planar to spatial configuration; for instance, adding the values of F, and C of a triangle to those of its image, we obtain the values of F, and V for a tetrahedron.'

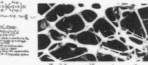

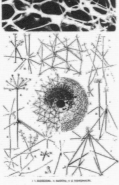

12, 13. Image Method diagrams

'The Image Method is based on the principle of duality and the definition of spatial invariance given in Euler's formula for simple polyhedra, $F - E + V = 2$, with F being the number of faces, E the number of edges, and V the number of vertices. For a two-dimensional configuration, we use $F - E + C = 1$, with F being the number of regions, E the number of segments, and C the number of corners or intersections, and by means of a simple topological operation, in which the value of F becomes C' and the value of C becomes F' (the number of segments remaining the same), we obtain its 'image', or dual configuration; the planar image of a three-dimensional structure can be found by a similar operation. These images allow us to represent graphically the forces in members, once the reactions at boundaries have been determined, but the method leaves much to intuition. ... It is also very amusing to consider the predictive power of these formulas; by simply manipulating the numbers involved and then trying to find the forms to satisfy the puzzle, you may discover things your mind isn't able to foresee.'

안양 파빌리온

대한민국 안양, 전시 시설, 2005

알바루 시자,
카를루스 카스타녜이라,
김준성

1987~1988년에 포르투갈 포르투에 있는 시자 선생님의 사무소에서
2년간 일했습니다. 3개의 프로젝트를 했는데 그중 어떤 것도 지어지지
않았어요. 실제로 지어 보지도 못하고 선생님과 헤어지게 된 거예요.
그러다가 20여 년이 지나 한국에서 〈안양 파빌리온〉으로 선생님과 만나게
되었습니다.

　　　사실 이 프로젝트는 일반 건축물과는 다릅니다. 안양 파빌리온은
하나의 예술품으로서 시작되었어요. 4개월 만에 설계부터 완공까지 해야
하는 조건이었습니다. 실제로 완성은 2~3개월이 더 지나 되었지만 촉박한
시간 안에 하려다 보니 여러 문제들이 있었습니다. 선생님의 스케치를
받고 평면 도면이 나오자마자 바로 땅을 파기 시작했어요.

　　　안양 파빌리온은 안양천변을 다시 새롭게 정리하는 데 여러
예술가들을 초청해 공공의 장을 조성했던 안양공공예술프로젝트
(APAP)의 일부입니다. 실은 안양예술공원 초입에 공공 화장실로
예정되었던 70평의 부지였어요. 당시 예술 총감독을 맡은 계원예술대학교
이영철 교수가 화장실을 70평이나 지을 이유가 없다면서 파빌리온을 함께
짓자고 변경했습니다. 그러면서 전체 면적이 100평 정도로 늘어났습니다.

　　　이런 모양이 어디서 나왔을까요. 선생님은 사진과 영상으로
찍어 보낸 자료를 보시고 그림을 그리셨는데요. 기본 안이 거의 완성이
되었을 때 제가 포르투갈에 가서 법규나 현지 제반 조건을 설명하면서
진행했습니다. 시자 선생님은 하루에 하나의 프로젝트만 집중합니다.
저는 하루에도 3~4개의 프로젝트를 보느라 어느 것도 깊이 있게
다루지 못하는 때가 있습니다. 선생님은 하루에 딱 하나뿐입니다.

하루 동안 한 프로젝트에 관련된 사람들만이 작업실에 들어가서 하루
종일 선생님과 함께 일을 진행하죠. 그러면 선생님은 가운데 앉아서
계속 스케치를 하세요. 옆에서 스케치를 보고 있다가 외부 조건들과
맞지 않는 부분이 있으면 말씀을 드립니다. 그러면 바로 수정이 되는
식으로 일이 진행됩니다. 부족한 기능, 용도에 관한 의견도 나누고
구축 방법이나 재료 등에 대해 그 자리에서 바로 공유합니다. 선생님께
스케치를 위한 자료를 드리는 셈입니다. 그런 시간들이 한 8~9시간 쭉
이어져요. 그 과정을 거쳐 나온 스케치들은 여러 조건에 부합되는 기본
자료가 됩니다. 그 자료를 바탕으로 도면과 3D 작업을 합니다. 그러니
선생님을 한 번 놓치면 2~3주를 기다려야 해요. 다른 프로젝트 일정이
있으니까요. 〈선생님, 이거 먼저 조금만 봐주세요〉 하는 게 불가능하죠.
일하실 때의 그 집중력과 바로 나오는 스케치들을 보면 그분에게는
우리는 가질 수 없는 무언가가 있다는 생각이 들어요. 보편적으로 저희는
재료를 가지고 모형을 만들거나 컴퓨터로 3D 모델링을 만들며 판단과
수정을 반복하는데 선생님은 그런 과정이 없어요. 모형을 만들기는
하는데 온전히 클라이언트를 위한 것이지 자신을 위한 것이 아니에요.
기본적으로 모든 것은 스케치를 통해 이루어집니다. 늘 뭔가를 그리셔요.

첫 스케치들.

당신 머릿속에 있는 그 무엇을요. 그 독특함 때문에 다른 걸로는 도저히 나올 수 없는 공간의 중첩이 탄생됩니다. 살면서 만난 사람들 중에 조형에 있어서 이분만이 유일한 천재라고 생각합니다. 평범한 센스로는 도저히 이해할 수 없고 설명할 수 없는 것들을 많이 가지고 계세요.

준공 시점에 페르난두 게하가 한국에 와서 사진을 찍었습니다. 그는 자신만의 소설을 쓰듯 서사가 있는 사진을 찍습니다. 사진을 찍었던 때가 장마철이라 습한 숲속에 있는 건물 같이 나왔어요. 내부 사진을 보면 상당히 서정적이죠.

사실 2층의 이런 모습들은 어떻게 생각을 하겠어요. 시자 선생님만이 하실 수 있는 것 같아요. 모형도 안 만들고 모델링도 안 하고 스케치만을 통해 이런 오묘한 복합성을 표출하는 걸 보면 분명히 본인 머릿속에 있는 걸 보고 그리는 것 같습니다. 제가 1987년에 뵈었을 때 50대 중반이셨는데 담배를 피우다 잠들어서 재가 떨어져 화상도 입은 적이 있을 정도로 항상 담배를 피우셨어요. 늘 한 손엔 펜, 한 손엔 담배가 들려 있죠. 사람과 이야기하고 있어도 한 손으로는 그림을 그리세요.

입구.

타운 하우스 리모델링

김준성

미국 뉴욕, 개인 주택, 1986

1986년도쯤 독립적으로 한 첫 번째 프로젝트입니다. 굉장히 오래된
뉴욕의 타운 하우스 내부를 개조하는 것이었는데 목수 둘과
완성했습니다. 낮에는 건축 사무실에서 일을 하고 저녁이 되면 여기 와서
그림도 그리고 기계를 가져다 나무를 자르고 만들며 4개월여 동안
작업했습니다. 제 첫 작품이고 제가 살던 공간이기도 합니다. 이 집에는
원래 훌륭한 아치 창호가 있었습니다. 그것의 연속으로 내부에 목재
아치 문지방과 붙박이장을 만들었고, 재료는 오크 원목을 썼습니다. 서재
테이블도 디자인해서 만들었는데, 블랙앤드골드라는 대리석을 두 장
겹쳤습니다. 무게가 워낙 무거우니 끝단과 윗쪽 상판만 대리석입니다.
전반적으로 클래식한 요소들을 모던하게 바꿨습니다. 이때는
포스트모더니즘이 막 대두되던 시기이기도 해요. 제가 서른 즈음이니까
당대의 스타일리시한 건축 어휘를 실현해 본 셈이었습니다. 총 4개 층인데
제가 쓰던 아래 2개 층을 새로 만들었습니다. 바닥의 돌만 봐도 흰색은
마블이고 검정색은 화강석이겠죠? 돌 중에 가장 단단한 돌은 화강석이고
가장 연한 게 마블이에요. 공사를 하면서 그런 것들도 손으로 직접
깨달았습니다.

　　　　자작 나무 합판으로 책장을 만들고 합판의 단면을 가리기 위해서
티크 원목을 가장자리에 붙였습니다. 직접 만들어 보면서 많이 배운
시간이었습니다. 이 작업을 끝내고 대학원에 갔습니다. 다시 한 번
심기일전해서 내가 추구해야 할 것이 무엇인지 직접 찾아봐야겠다는
마음이었죠.

　　　　대학원을 마치고 1991년도에 서울에 처음 설립된 건축 전문 갤러리

개관전에 초대를 받아 전시를 열게 되었습니다. 전시 공간에 설치 작업을
했는데 다들 깜짝 놀랐죠. 벽을 찢어 철심을 박고 텐션을 이용을 해서
설치 작업을 했으니까요. 저한테는 기본적으로 무언가를 처음부터 만드는
것에 대한 자세가 몸에 배어 있었습니다. 작품을 벽에 거는 게 아니라 벽
자체를 전시 설치 작업의 일부로 생각한 셈이었습니다.

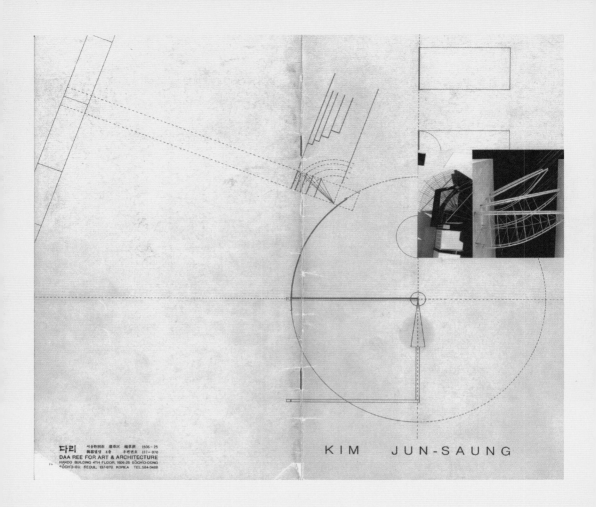

다리 서울特別市 瑞草區 瑞草洞 1506~25
DAA REE FOR ART & ARCHITECTURE
HANDO BUILDING 4TH FLOOR, 1506-25 SŎCH'O-DONG
*SŎCH'O-GU. SEOUL, 137-070, KOREA TEL.584-3488
韓國設計 4층 우편번호 137~070

KIM   JUN-SAUNG

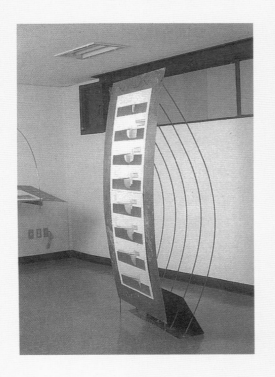

전시 팸플릿과 설치 작품들.

아사히 디드 Asahi Deed

김준성

일본 오사카, 업무 시설, 1993

일본 오사카의 100여 평 오피스를 개조했던 1993~1994년의
프로젝트입니다. 당시에 일본의 도쿄와 오사카의 오피스 인테리어
그리고 작은 규모의 신축 건물 등 4개 프로젝트에 상당히 많은 시간을
할애했습니다. 그중 3개가 완성되었고, 그 과정들 속에서 많은 것을
배웠습니다.

　　　일본에서 일을 하게 된 계기는 스티븐 홀과도 관계가 있습니다.
홀 선생님께서 1980년대 사무실을 운영할 때 도움이 되었던 사람 중
일본인 건축주가 있었습니다. 그 건축주의 프로젝트를 진행하던 때에
마침 제가 선생님 사무실에서 일을 하고 있었고, 저는 그 건축주와
친구가 되었어요. 그런데 이 건축주가 일본으로 돌아간 시기가 마침 제가
서울에 와 있던 때였어요. 서로 연락을 주고받던 중에 그의 주거 공간과

사무실 등을 설계하게 된 것입니다. 그 건축주는 오사카에서는 꽤 알려진 부자였습니다. 투자 회사를 운영하면서 오사카 시내의 큰 파친코와 유명한 이탈리안 레스토랑을 포함한 여러 서비스업들도 같이 운영했으니 상당한 재력가였지요. 원래는 치과의사를 하다 뉴욕에서 경영학을 공부하며 현대 미술을 수집하는 큰손 중에 하나였습니다. 그때만 해도 일본 버블이 깨지기 전이라 지금의 중국과 같이 세계 시장에 일본 투자자가 가장 많은 시기였죠.

오사카 중심에 있는 오피스 공간은 100여 평으로 유리를 주재료로 하였습니다. 사무실 내부에 처음 진입하게 되면 리셉션 공간이 있고 이를 이루는 유리벽 문을 열고 들어가면 유리로 이루어진 회랑에 들어섭니다. 평행으로 길게 펼쳐진 2개의 조금은 휘어진 유리 벽의 복도에 들어서게 되는 것이죠. 평행하는 2개의 유리 벽 중 하나는 압축력compression을, 다른 하나는 인장력tension을 받게 했어요. 즉 두 개의 서로 상반된 힘의 논리가 유리 벽에 적용되도록 구성하는 아이디어였어요. 인장력을 받는 벽 쪽으로 작은 크기의 투자 상담실들이 위치합니다.

기본적으로 이 사무실은 모든 것이 유리 디테일로 되어 있습니다. 복도 회랑의 끝에 위치한 회의실은 특수 유리를 사용했습니다. 당시에 전류가 들어오면 투명해지고 전류가 없으면 불투명해지는 리퀴드 크리스탈Liquid Crystal이라는 유리가 개발되어 나왔는데, 매우 고가였던 그 재료는 개발이 되고 3~4년이 지나서야 처음으로 건축에 적용되었습니다. 압축력의 휘어진 면 대부분은 다 샌드블라스트된 유리입니다. 유리에 모래를 강하게 쏴 반투명하게 만든 것을 말해요. 전체적으로 반투명한 유리에 시각의 위치 변화에 따라 투명한 면을 배치해 안과 밖의 풍경이 교차하도록 했습니다.

이 프로젝트에서는 기성 제품을 사용하지 않고 모든 디테일들을 일일이 상황에 맞추어 디자인해 만들었습니다. 특히 유리 벽의 상단부, 하단부의 고정 부위와 다른 재료들과는 어떻게 만나는지 등등을 전부 그리고 직접 제작해서 설치했습니다. 리셉션 테이블, 각 도어의 손잡이도 모두 디자인했고 철재들은 용접 없이 기계 부품들처럼 분해와 조립이 가능하도록 제작했습니다. 유리 벽은 힘에 의해 휘어지면 휘어진 안쪽에

텐션이 생깁니다. 즉, 그 압축력이 작동되는 쪽의 바닥에 그 압축력을
표기했습니다. 압축력을 위한 디테일인 거죠. 웬지Wenge라는 아프리카산
나무를 너도밤나무 마루널에 삽입하여 표기했습니다.

　　모든 유리 패널들이 가구식(서로 끼워 맞추는 형식)으로 고정되어
있어서 외부의 충격을 받아도 유동적으로 움직이며 적응할 수 있습니다.
1995년 고베 지진이 일어났을 때 이 작업이 걱정도 되고 궁금했어요.
그런데 금 하나도 가지 않았다고 해요. 모든 디테일이 고정식이 아니라
핀 접합의 구조였으니 다행이었구나 싶었어요. 건축주의 이해와
관심도 있었지만 무엇보다 일본의 시공 정밀성 때문에 가능했던
프로젝트였습니다. 또한 저에게는 최고의 클라이언트였지요. 모든 게 다
특별히 이 프로젝트를 위해 디자인되어야 한다고 하였거든요. 사실 그의
건축에 대한 지식과 관점은 도리어 제가 배울 것이 많았던 것 같습니다.

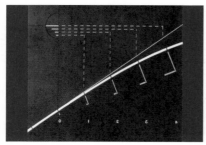

정성을 다해 실현해 가는 과정에서 참 행복했습니다. 초기 작품이라 어설픈 부분들도 있었지만 일본의 당시 건축 시공성이 이 모두를 돋보이게 하기에 충분했습니다.

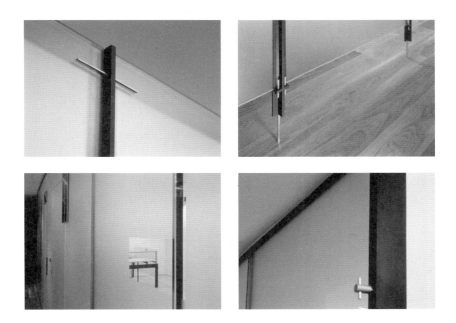

이타쿠라 레지던스Itakura Residence

일본 오사카, 공동 주택, 1992

김준성

이 프로젝트의 주인은 바로 전 작품의 건축주이기도 합니다. 젊고 부유한
현대 예술품 수집가이기도 한 그는 1991년도에 오사카의 자기 레지던스
공간을 설계해 달라고 했습니다.

기존의 4개의 방을 둔 60평짜리 아파트를 개조하는 작업이었는데,
60평은 일본에서는 매우 큰 크기입니다. 침실 한 개와 손님 방
하나 그리고 가장 중요한 현대 미술 작품을 걸 벽이 있어야 한다고
요구했습니다. 사는 공간인 동시에 그림을 걸 전시 공간도 되는 아파트를
원했습니다. 기존의 아파트를 처음 방문했을 때 맨 안쪽의 마스터 침실
창문을 통해 짙은 녹색의 대나무 숲을 보았어요. 그때 든 생각은 이
풍경도 그의 그림 중 하나라는 것이었습니다. 그래서 그림이 걸린 거실과
쭉 이어지는 묘한 투시 효과를 만들어 줄 기울어진 벽을 만들고 그 벽의
마지막에 그림 같은 대나무 숲이 펼쳐지는 장면을 의도했습니다. 나무

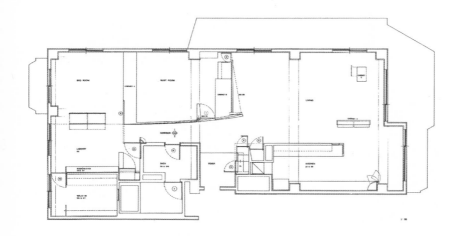

그리기와 만들기

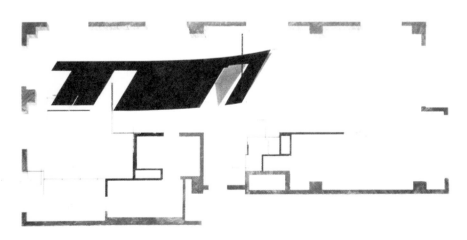

재질의 기울어진 벽이 모든 디자인의 중심이었습니다. 대나무 숲이 있는
침실의 창호 쪽에서는 수직이었던 벽이 거실 쪽으로 오면서 조금씩
기울어져 전시 벽과 만나게 됩니다.

　　침실의 원래 디자인은 벽의 일부가 연속되어 이루어진 테이블이
가운데에 있어야 해요. 그러나 여러 가지 시공상의 문제로 결국 대신
건축주가 소장하고 있는 오리지널 예술품 중의 일부인 가구들을
넣었습니다. 손님 방의 문 역시 기운 벽의 일부여서 역시 살짝 기울어져
있어요. 밖으로 열면 문이 공중으로 뜨고 안으로 열면 바닥에 걸려서
문을 열 수 없겠죠. 따라서 이를 완성시키기 위해 다른 방법을 강구해야
했습니다. 실제로는 문이라고 하면 경첩이 벽에 있거나 혹은 바닥과
천장 최소 두 곳에 있어야 하는데 이러한 보통 방식을 사용하면 문이
열리지 않아요. 최종적으로는 바닥에만 경첩을 두기로 하고 상세 도면을
준비했습니다. 실제로 공사가 되어 있는 경첩은 계획대로 바닥에 묻혀
있어 육안으로 확인하기 어려워요. 경첩 포인트가 하나밖에 없으니
기울어져 있는 도어는 기울어진 대로 스윙할 수 있게 된 것입니다. 잘
시공될까 의심스러웠지만 공사하고 보니 잘 작동됐어요. 일본의 정성스런

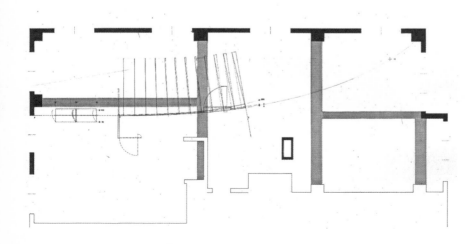

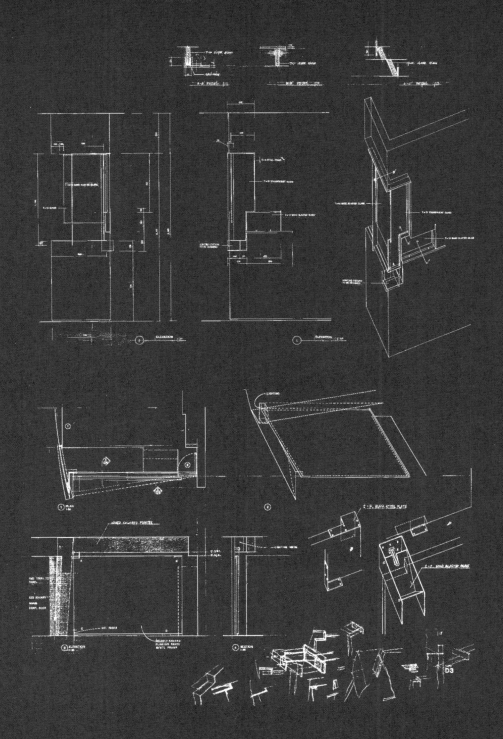

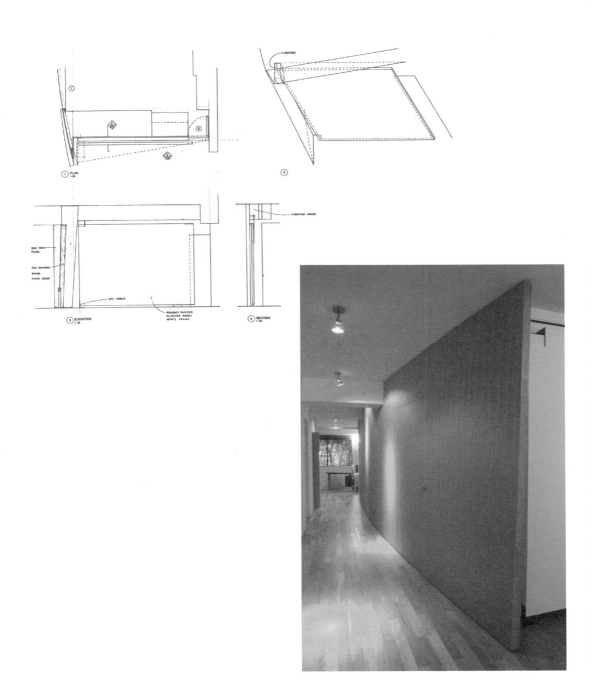

시공 자세에 다시 한번 크게 놀랐죠. 복도 끝에서 침실이 보입니다.
알루미늄 슬라이딩 도어가 장치되어 있는데 닫혀도 문처럼 보이지는
않습니다.

당시에는 정성을 다해 잉크로 그린 도면들이 대부분이었습니다.
그러면 시공사에서는 다시 정확하게 확대해 그린 샵 드로잉을 저희에게
제공하여 같이 문제점을 찾고 해결 방안을 의논하여 최종 현장에
시공했죠. 그때는 뭘 하나 하더라도 나의 감성에서 출발하여 새롭게
하고 싶은 마음이 있었습니다. 각 상황에 맞는 고유한 새로운 것과
그다음에는 그것을 이루기 위한 디테일을 고민했어요. 유리로 벽면에
책장도 만들었습니다. 보기엔 단순해 보여도 이 단순함을 위한 과정은
꽤나 복잡합니다. 옷장 공간도 멋진 대나무 숲이 보이는 창가에 거울을
설치하여 평상시에는 대나무 숲을 반사하여 보여 주고 필요시에는 돌려서
자신을 비추어 보게 되어 있죠. 그 움직임의 장치를 어떻게 이룰지에 대한
디테일들을 도면에 세세히 적었습니다.

건물 곳곳에서 대나무 숲의 아름다움을 공간 연장의 주 장면으로
쓰고 싶었습니다. 코너에 달린 등의 디자인들도 다 다릅니다. 바닥하고
벽이 만나는 곳이나 심지어 욕실의 거울까지도 자신을 각각 다른 깊이로
반사시킨다는 개념으로 일일이 디자인하여 설치했습니다. 저에게는 다시
없을 귀중한 시간들을 선물해 준 과정이었습니다. 이 집의 주인과는
여전히 허물없는 친구 사이로 지내고 있어요.

아트레온

김준성, 범건축

대한민국 서울, 문화 및 집회 시설, 1999

아트레온은 극장으로, 유리가 주 외장재인 또 다른 작업입니다. 주 재료인 유리는 휘어져 있어요. 건물 밖에서 시작된 곡면을 지닌 유리 표면이 건물 안으로 말려들어 가 내부 풍경의 일부가 되는 계획입니다.

지금은 CGV에서 운영하지만 당시 건축주는 체인이 되는 것을 거부해서 오랫동안 자체 브랜드로 운영했습니다. 그 덕분에 실험적인 입면이 나온 것이라고 생각합니다. 처음부터 대형 체인 극장으로 지어졌다면 불가능했을 거예요. 굳이 과외의 비용을 들여 실험적인 건축을 하지 않아도 장사가 될 테니까요. 초기 사업 구상 시에는 공사비 평당 600만 원으로 투자 계획을 세워 시작했는데 설계가 끝날 때 견적을 내보니 900만 원정도 나왔어요. 평당 50퍼센트가 오르니까 전체 액수로는 정말 큰 부담이었을 텐데 건축주가 짓겠다고 해서 깜짝 놀랐어요. 〈내가 사람 홀리는 기술이 있나?〉라는 생각을 할 정도였습니다.

대학가이므로 가볍고 경쾌하며 하이테크하게 보이면서도 창고 같은 편안함이 있는 극장이었으면 했습니다. 서로 다른 두 개념이 공존했으면 하였습니다. 표를 사려면 1층에서 에스컬레이터를 타고 유리 커튼 월이 밖에서 안으로 들어가는 로비 공간인 2층으로 올라가야 해요. 로비가 있는 2층에 도착하면 외부 입면에서 안쪽 공간으로 말려들어 온 유리가 천장을 이루고 있는 장면을 만나게 됩니다. 가장 하이라이트 공간인 셈이죠. 이 프로젝트에 유명 유리 회사인 H 글라스가 적극적으로 개입을 했습니다. H 글라스가 의욕적으로 개발을 해보겠다고 하여 함께 많은 양의 제작 도면들을 그리고 체크를 하면서 나름대로 문제들을 발견하고 풀어 나갔지만 이후 시공 과정에서 큰 난관들에 봉착했습니다.

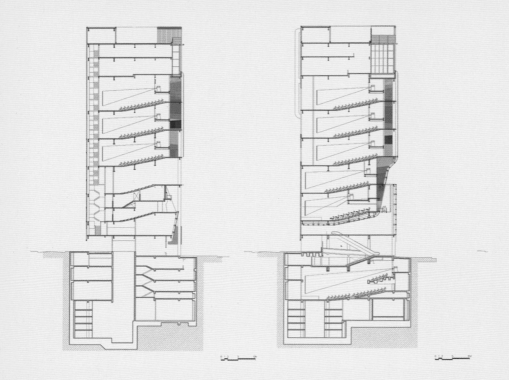

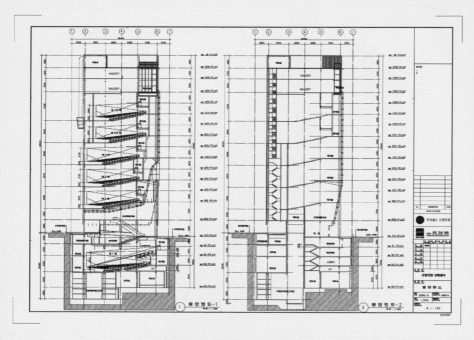

입구. 2층의 로비로 올라가는
엘리베이터로 이어진다.

커튼 월 공법 중에 가장 업데이트되어 있는 기술은 포인트픽싱Point-fixing이라는 것입니다. 창호는 기본적으로 창틀이 되는 부재가 있습니다. 그런데 이 공법은 창틀에 해당하는 부재 없이 점적 요소만으로 유리를 고정합니다. 이를 위해서는 유리에 구멍을 뚫어야 하는데 당시 우리가 사용할 곡면 유리에 구멍을 뚫는 기술은 전 세계에서 네 군데만이 보유하고 있었습니다. 그중 가장 가까운 곳이 일본이었기에 H 글라스는 곡면 유리들을 일본에서 수입했습니다.

먼저 3차원 디지털 모형을 만들고 곡면 유리 입면을 2차원 전개도로 만들어서 레이저 커팅을 했습니다. 모든 것을 디지털로 작업했기 때문에 오차를 최소한으로 할 수 있었습니다. 이때 중요한 것은 완공 후에 곡면 유리가 파손되더라도 그 상태로 2주 간 버텨야 한다는 점입니다. 유리도 건물의 일부니까 그대로 뚝 떨어지면 큰일이잖아요. 그래서 각 패널은 접합 필름으로 두 장의 강화 유리를 붙여 만들었습니다. 두 장 중 한 장이 깨져도 나머지 한 장이 그대로 버티며 교체할 시간을 벌어 줘야 하기 때문입니다. 이 공법은 연쇄적으로 이루어져야 했기에 건물의 위쪽 면부터 연속적으로 붙여 내려갔습니다. 곡면 구간의 유리가 깨지면 유리 공정이 다 중지되어야만 합니다. 문제는 이 두 겹의 곡면 유리를 가져다가 조이는 과정에서 앞뒤 면에 서로 다른 압력이 가해져서 한 장이 너무나 쉽게 파열되는 것이었습니다. 처음에는 유리 공사의 성공률을 90퍼센트로 보고 실패율을 10퍼센트로 봤습니다. 그런데 실제로는 곡면 유리 구간에서 20퍼센트만 성공하고 80퍼센트가 깨져 나갔습니다. 그러면 다시 일본에 연락해서 일주일에서 열흘 후에 파손된 부분을 다시 받아 작업했습니다. 어떤 때는 붙이는 데는 겨우 성공했지만 그 전의 것과 다른 곡률의 유리를 설치해서 다시 철거해야 하는 문제까지 생기는 등 정말 어려운 과정의 연속이었습니다. 윗면부터 하단까지 거의 다 완성되어 가던 때였어요. 준공 목표일을 한두 달 정도 남겨 둔

시점이었습니다. 새벽 여섯 시쯤에 마지막 구간의 곡률 유리들을 싣고
와서 현장으로 옮기는 중이었습니다. 유리 한 장의 높이는 2.2미터이고
무게도 굉장히 많이 나가요. 여러 현장 기사분들이 이를 들어 옮기는데 그
과정에서 입구 계단에 툭 부딪혀 버렸습니다. 또 허무하게 깨진 것입니다.
많은 정성을 들여 작업을 해온 걸 생각하니 눈물이 쏙 빠지더라고요.
유리가 깨지는 장면을 옆에서 보는데 가슴이 철렁했습니다. 공사가
늦어지니 당연히 그 책임을 누군가는 물어야 하잖아요. 〈나 감옥 갈 것
같아〉라는 농담을 자주 하곤 했죠. 시공되어 가는 내내 마음이 불편해
자다가 경기를 일으키기도 했어요. 결국 예정일보다 7개월이 늦어졌어요.
그때 처절하게 느꼈던 것은 건축 구축이라는 것이 정말로 많은 책임과
더불어 지식도 필요하다는 것이에요. 설계할 때 구축 상황에 대해 충분한
고려가 병행되어야 함을 뼈저리게 알게 되었습니다.

로비층. 위층에서 내려온 곡면
유리가 로비층으로 말려들어
가며 천장을 이룬다. 콘크리트
바닥 위에는 우레탄 코팅을
하였다.

유리가 두 겹이었기 때문에 안쪽 면은 샌드블라스트로 패턴을
만들었습니다. 그 옆의 다른 패턴의 유리는 측면과 후면에 쓰인 골진
알루미늄 패널의 패턴과 일치하도록 세라믹 코팅을 했습니다. 사실은
저 모든 것이 과외로 드는 비용인데 건축주는 저희가 원하는 디자인대로
완성되도록 신경 써주었어요. 공사는 E 건설에서 했습니다. 아파트를
많이 짓는 업체에서 나름대로 회사 이미지를 바꿔 보겠다고 의기
있게 시작했던 프로젝트였는데 학습하는 데에 아주 큰 투자를 하게 된
셈이었습니다.

건물의 배면은 각종 설비 장치들을 조형물처럼 노출하기로
하였기에 저가이면서도 실용적인 골진 알루미늄을 썼습니다. 결국은 신경
쓴 앞모습보다 신경을 덜 쓰고 넘어간 뒷모습이 훨씬 더 단아하며 비율도
멋졌습니다.

이전에도 수직으로 된 글라스 리브가 유리를 잡는 기술은 세계 곳곳에서 성공했어요. 그런데 이 프로젝트에 쓰인 곡률의 유리 리브는 전세계에서 처음으로 시도된 거예요. 일본 업체도 H 글라스도 투자한다는 생각에 의욕적으로 참여했습니다. 그러나 나중에는 고개를 절레절레 저었습니다. 만드는 과정에서 참 많은 우여곡절을 겪었지요.

로비층의 천장은 위에서부터 내려온 유리가 곡면을 이루며 안으로 들어가며 이루어져 있습니다. 이 유리를 청소할 때 사람이 유리 천장 안에서 왔다갔다 하는 모습이 장관이었습니다. 지어진 지 15년 정도 되었으니 벌써 꽤 나이가 들었지요. 건물 어딘가에 터키시 블루 색채가 들어가면 좋겠다는 생각에 외부의 유리 커튼 월 안쪽의 극장 벽에 골라 넣었습니다. 이곳 외에도 많은 프로젝트에서 보실 수 있는 저의 사인과도 같은 색채입니다. 유리 커튼 월 건물이니 바닥도 빛을 반사했으면 좋겠다 싶어서 콘크리트 위에 우레탄 코팅을 했습니다. 얇은 두께로 물이 쫙 깔린 듯한 풍경을 만들고 싶었습니다. 초기에 손님들과 함께 엘리베이터를 타고 올간 적이 있는데, 엘리베이터 문이 스스륵 열렸는데도 사람들이 안 나가더라고요. 바닥에 물이 고인 줄 안 거죠. 투명 우레탄이 싼 재료는 아니에요. 도면에는 5밀리미터의 폴리우레탄 도포라고 기재되어 있지만 실제로는 바닥 면에 오차가 있어 두꺼운 곳은 3센티미터 이상 들어갔습니다. 그 공간을 다 우레탄으로 메우려니 어마어마한 물량이 필요했고요.

이 프로젝트는 공개 현상 설계로 시작되었는데 저는 지하로 내려가는 길에 있는 커다란 공공 무대가 당선의 키가 아닐까 생각합니다. 지하로 내려가는 길에 커다란 무대를 만들었습니다. 계단은 판재가 아닌 모두 통나무로 만들었습니다. 옛날에 돌계단을 만들어 통으로 가져다 놓았던 것처럼 과거의 기억을 재생시키고 싶었습니다. 이 공공 공간은 길의 연장이며 극장인 공간입니다. 야외로 오픈되어 있었던 공간인데

진입 공간의 아래는
무대 공간으로 이어지고
위로는 로비로 올라가는
엘리베이터로 이어진다

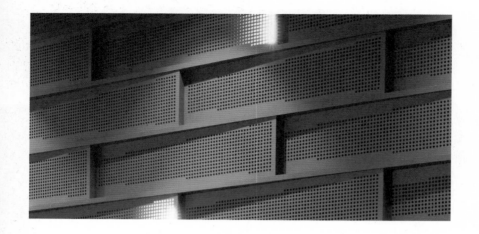

초기 계획대로 지역 사회에서 공공으로 이용하다가 여러 문제가
발생하여 지금은 길 변으로 터진 부분을 막아 내부 공간으로 바꿨습니다.
　　　지하의 연극 겸용 극장에는 음향을 위해 목재 타공판을 썼습니다.
재료 하나하나 그냥 넣은 게 아니고 물성을 최대한 활용하고자 하는
의도가 있었습니다. 전체적으로는 하이테크한 입면 뒤에 실용적인
저가의 재료들을 쓰고자 했습니다. 실제로 들어간 재료들은 극장이라는
용도 때문에 저가이지만은 않았지요. 당시 다른 극장들은 이렇지
않았어요. 벽면 마감 처리를 하지 않고 그냥 페인트를 칠하거나 그것도
안 해서 커튼으로 음향을 조정하는 케이스가 대부분입니다. 그런 한시적
시설같아 보이는 극장들도 많았지만 이곳은 나름대로 세세한 디테일까지
신경을 썼습니다.
　　　재료와 형태는 처음부터 같이 가야 합니다. 그래야 공법도 함께
고민할 테니까요. 형태만 만들어 두고 나중에 재료를 고민하는 경우가
있는데 그런 사고로는 고유성을 갖는 것이 불가능해요. 항상 출발부터
재료에 대한 생각을 시작하여 이 재료를 어떻게 쓰겠다는 고민이
병행되어야 작품으로 무르익을 수 있습니다.

지하의 연극 겸용 극장 내부.

한길 북하우스 & 책박물관

김준성, 숍 아키텍츠

대한민국 파주, 문화 및 집회 시설, 2002

헤이리 예술마을 형성 초기에 제가 맡았던 가장 중요한 프로젝트입니다. 해외의 젊은 건축가들에게도 열려 협업의 장이 되었으면 좋겠다는 의도 아래 가장 신선한 건축 집단 중에 하나인 숍 아키텍츠SHoP Architects와 함께 한길 북하우스 설계를 맡았어요. 현재 숍 아키텍츠는 1백여 명이 넘는 직원을 둔 뉴욕의 유명한 대형 사무소로 진화했습니다.

북하우스는 경사지가 시작되는 곳에 위치합니다. 저희가 준비한 헤이리 건축 지침에 따르면 이 구역은 경사지 위 포디엄podium 타입이었습니다. 포디엄은 지상층에 면하는 넓은 저층부를 뜻하는데 경사지가 시작되는 곳에는 포디엄을 만들고 그 위에다 개별적 볼륨을 앉히라는 지침이 있는 필지였어요. 그 포디엄을 만들기 위한 디지털 작업 과정에서 라이노Rhino라는 소프트웨어를 사용했습니다. 처음으로 디자인 도구로 디지털 툴을 이용한 프로젝트입니다. 디지털 소프트웨어의 도움을 받을 수 없던 예전에는 불가능한 작업이었죠. 손 디자인으로는 어려운 형태가 나왔습니다. 컴퓨터의 도움으로 도전 가능한 건축의 형태적 범위가 넓어졌습니다. 오히려 이러한 디지털 구축 과정에서 오히려 수공이 많이 들어갈 때도 있지만 이제는 건축을 그려 내는 작업이 손에서 컴퓨터로 옮겨 가고 있어요. 저는 그 두 가지, 아날로그와 디지털을 모두 경험한 마지막 세대입니다.

뒤쪽 경사지의 연장으로써 지형이 밀려서 포디엄을 형성한 듯한 모습의 저층부 위에 박스를 하나 얹었는데 그 박스는 산으로 올라가는 경사로를 담고 있습니다. 즉 북하우스 자체가 길입니다. 그 길에서 책을 꺼내 구경도 하고 사기도 하는 행위가 벌어져요. 책방, 책 전시 공간을

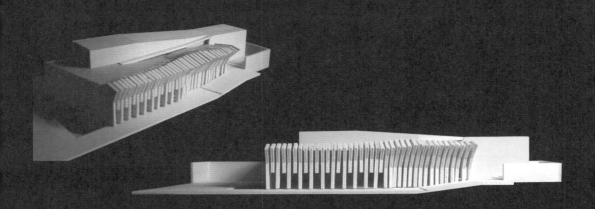

단면도 1
1. 전시장 2. 전시 판매장 3. 옥상 데크

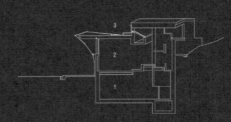

단면도 2
1. 전시장 2. 사무실 3. 아트북 숍
4. 어린이 책방 5. 한길사 책방 6. 옥상 데크

단면도 3
1. 전시장 2. 레스토랑 3. 전시 판매장

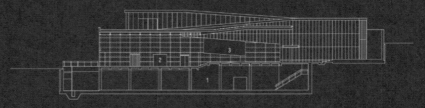

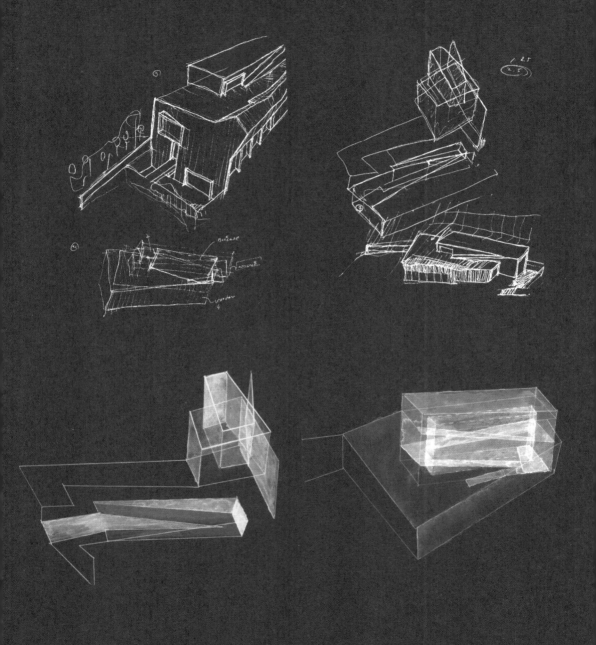

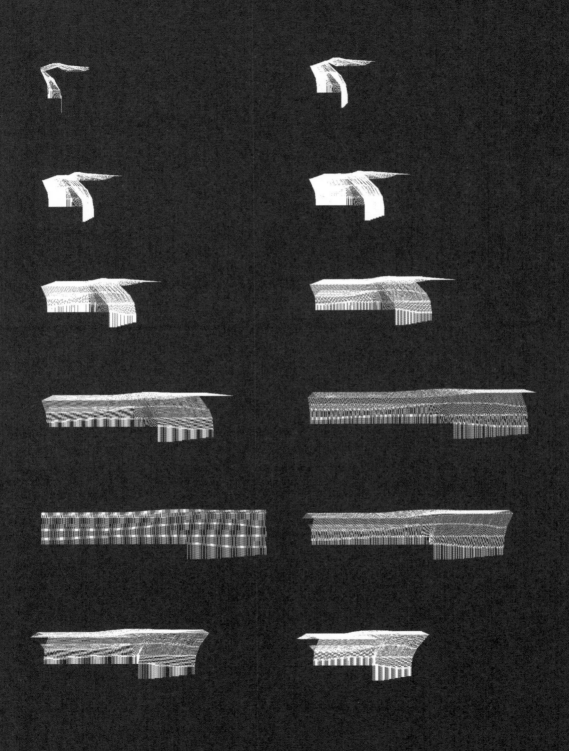

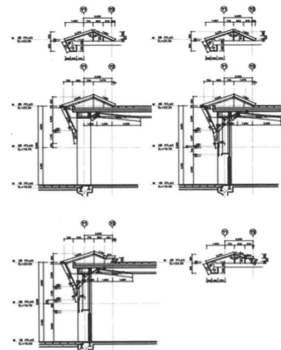

경사진 길 위의 동선 자체로 계획하고 제안했을 때 처음엔 건축주가 좀 의아해했습니다. 하지만 이내 이해해 주었어요.

라이노 작업을 할 때는 가장 아름다운 표면을 얻을 때까지 연구했어요. 표피들은 하나로 연결해서 한쪽을 잡아 당기면 다른 쪽이 찌그러지며 쫓아오는 방식이었습니다. 원하는 모습을 찾을 때까지 수없이 밀고 당겼습니다. 그리고 이렇게 찾아낸 형태를 시장에 나오는 일반적인 목재 규격에 맞춰서 조정했습니다. 그때 목재의 당시 최대 길이가 약 3.4미터 정도였어요. 더 길게로도 제작이 가능하지만 워낙 고가이기 때문에 예산에 맞추려면 입면에 쓰이는 모든 목재가 그 길이를 넘으면 안 되었습니다. 이 조정 작업에서도 디지털 툴은 요긴하게 사용되었습니다. 각각의 부재가 모두 다르니 이 과정을 손으로 해결해야 했다면 시간이 많이 걸렸겠죠. 정확도도 떨어졌을 거고요.

그 형태들을 순차적으로 만들기 위해 90센티미터마다 단면을 그렸습니다. 당시 사무실에서는 디지털을 썼지만 현장에서는 디지털 작업을 위한 도구와 인력이 없었기 때문에 디지털 이미지들을 과거의 방식으로 옮겨서 그림을 그려야 했습니다. 건물 길이가 굉장히 긴데 90센티미터마다 단면을 그린다고 생각해 보세요. 단면도만 해도 장수가 꽤 많았어요. 그 도면 출력물을 보고 시공하시는 분들이 공사를 했습니다. 현장 여건에 따라 다르지만 지금은 파일만 전달해도 대부분의 현장에서 파악이 되죠. 현장에서도 3D 모델링을 활용할 수 있게 된 거죠.

실제와 똑같은 스케일로 현장에서 모형을 만들었습니다. 부재 사이즈 그리고 디테일의 처리와 같은 부분을 목수들과 함께 협의하기 위해서였습니다. 재료를 어떤 방법으로 시공하는 것이 좋을지 고민하는 과정의 일부예요. 그리고 디테일을 결정하는 거죠. 재료가 목재잖아요. 목재는 세월이 지나면 변색이 되어 필요 시에는 부분적으로 교체가 가능합니다. 그게 바로 목재의 매력이죠.

인도네시아에서 나는 멀바우Merbau라는 목재를 사용했습니다. 이수종은 화학 처리를 하지 않아도 벌레에 강합니다. 자체적으로 방부제 역할을 하는 수액을 갖고 있어서 외장재로 썼습니다. 원목 중에 비교적 쌌기 때문이기도 하고요. 그런데 사용하고 보니 수액이 너무 많았습니다. 수액이 계속 빠지며 주변을 물들여 이에 대한 대책이 필요했습니다. 나무를 잘 건조해 왔으면 문제가 없었을 텐데 저가에 사오려다 보니 거의 생목을 그대로 가져다 썼습니다. 우리나라에는 제대로 된 목재 건조장도 없었고요. 나무가 터지기도 하는 등 생각하지 못한 문제가 있었는데 그래도 목재가 주는 매력을 생각하면 적합한 재료였다고 생각합니다. 외장부터 내부 바닥까지 전부 이 멀바우 목재만 사용했습니다. 건물 전체를 한 수종으로 만든 것입니다. 스크류 들어가는 접합부까지도 구멍을 만들어 철재 나사를 박고 그 위를 다시 나무로 메워 나무 못처럼 보이게 했습니다. 이 어마어마한 공사를 목수들과 하나하나 수공으로 했습니다. 정성을 다해 주는 목수 분들을 만나는 것이 점점 어려워집니다. 그나마 이 프로젝트를 할 때인 10년 전만 해도 장인들이 곳곳에 존재했지만 지금은 그런 분들을 찾기가 어렵습니다. 지금은 이 건축물도 나이가 많이 들었어요. 완공 당시 주변 건축가들이 공사비를 실제의 두 배 정도로 짐작했어요. 보이는 것보다 상당히 적은 예산으로 완성되었는데, 중간에서 많은 사람들이 고생을 했다는 이야기이기도 합니다.

내부로 들어가면 조금 전에 언급했던 뒤쪽 산으로 가는 경사로가 있어요. 바로 그 경사로가 책방의 역할을 합니다. 그 경사로를 잡기 위한 구조가 필요하겠죠. 콘크리트 구조예요. 보통 노출 콘크리트 공사를 하면 폼 타이라고 하는 거푸집 자국이 남아요. 저희는 폼 타이의 위치가 원하는 곳에 정확하게 맞길 원했어요. 책꽂이를 잡아 주는 철재 구조물들이 그 구멍 안에 들어가면 콘크리트 구조 자체가 책꽂이 역할의 기본 바탕이 되는 것이죠. 구조 자체가 프로그램이 되게 하는 겁니다. 하지만 실제로는

건물 진입부와 뒤쪽의 높이
차이 때문에 건물 내부에
경사로가 있다.

그렇게 되지 못했는데 그 이유 중 하나는 폼 타이 위치가 잘 맞지 않아서 오차가 컸고, 다른 하나는 그 오차를 커버하기 위해 책꽂이를 하나하나 주문 생산 하려니 가격이 너무 높아졌기 때문입니다. 결국에는 계획을 수정하여 더 쉽고 일반적인 방법으로 책꽂이를 고정시켰습니다.

내부 경사로 끝에서 한쪽으로 나가면 포디엄 층 지붕의 데크 공간을 만나고, 다른 쪽으로 나가면 산으로 가는 길이 펼쳐집니다. 포디엄 층 상부의 데크 공간에서는 입면을 구성하던 목재들이 바닥재로, 그리고 벤치와 핸드 레일로 활용됩니다. 구조, 스킨 그리고 프로그램의 경계를 없애고자 하는 의도가 강하게 읽히는 공간입니다.

언덕 위 공간의 한쪽으로는 좀 전에 지나온 북하우스가, 다른 한쪽으로는 새로 지어진 책박물관이 위치합니다. 두 건물 사이의 외부 공간 하부에는 지하 전시 공간이 있습니다. 연못을 통해 지하 공간으로 빛이 떨어지는 공간입니다. 유리 위의 물을 통과한 빛이 지하 공간까지 닿는 것입니다. 자연광이 물에 흔들리며 그리는 궤적을 상상하며 지하 공간을 설계했습니다. 물이 바람에 어른어른거리는 모습과 그 물을 통과하는 빛을 이용해 외부의 자연 조건을 내부로 끌어당기는 현상학적 시도입니다. 하지만 결국 관리가 힘들어서 물을 빼고 연못을 메웠죠. 관리가 잘 되었다면 좋았을 텐데요.

아래쪽의 북하우스에서 위쪽의 책박물관 전시실로 가는 사이에 긴 통로로 된 공간이 있습니다. 통로의 한쪽으로는 자연광이 들어오는 두 겹의 긴 유리창이 있는데 바깥쪽으로는 반사 유리가, 안쪽으로는 윌리엄 모리스William Morris의 디자인 문양이 에칭되어 있어요. 밖에서 보면 주변의 풍경이 반사되어 건물의 존재감이 사라지고, 실내에서는 유리의 문양을 통해 생겨나는 그림자들이 통로에 문신처럼 나타납니다. 이러한 기호적인 문양의 그림자를 밟고 내려가면 상부의 연못을 통해 떨어져 어른대며 춤추는 빛의 물결과 마주하게 됩니다. 유리 문양은 윌리엄 모리스의

디자인을 정리해 만든 것인데 디지털 작동에 의해 커다란 노력 없이 유리에 새겼습니다. 디지털 도구가 갖는 또 다른 가능성을 건축의 구축 과정에서 찾은 것입니다. 물이 흔들리는 대로 어른거리는 빛의 춤사위와 자연을 추상화한 윌리엄 모리스의 문양들이 만들어 내는 그림자의 조합은 이렇게 이루어졌습니다.

　　　본래 박물관 아래의 전시 공간은 그림 작품이 아닌 윌리엄 모리스의 마지막 출판물인 책자들을 전시하기 위한 것이었습니다. 하지만 보안상의 문제로 고가의 도서가 아닌 벽면을 따라 그림을 전시하는 용도로 바뀌었고 이런 변화는 예상치 못했던 문제점을 만나게 됩니다. 정오 즈음 떨어지는 직광이 그림이 전시된 벽면에 닿는다는 것을 나중에 알았어요. 지금은 창호에 필름을 붙여 빛을 분산시키고 있지요.

　　　책박물관 몸체는 상자들이 겹쳐 쌓이면서 그 사이로 빛이 유입되는 개념을 활용한 것입니다. 외부에서 갤러리 몸체로 들어가는 출입구와 상부의 틈으로 빛이 들어갑니다. 첫 번째 전시실에 들어가면 상자와 상자 사이의 틈으로 빛이 떨어지는 광경을 볼 수 있습니다. 원래는 책을 벽이 아닌 방의 내부에 전시하기로 되어 있던 곳이라 인공 조명 등이 없었습니다. 벽을 타고 떨어지는 자연광을 이용하거나 그렇지 못할 때는 자연광이 통과하는 공간에 인공 조명을 숨겨 놓아야 하는데 그림을 전시하는 것으로 용도가 바뀌면서 조명도 새롭게 달았습니다. 이런 모습들을 보며 건축가와 건축주 사이에 생기는 미묘한 바람의 차이가 서로 간의 소통을 방해했음을 느껴요. 지금은 이해해 주시지만 당시에는 틈으로 빛이 떨어지고, 공간을 빙빙 돌며 올라가는 계단 등의 요소들을 무척 조심스럽고 걱정스러운 눈초리로 보셨지요. 실제로 뒤편의 책박물관이 앞의 북하우스보다 작지만 주어진 대지 조건에 앉히기 힘든 작업이었습니다.

보림출판사

김준성, 서혜림

대한민국 파주, 출판사, 2003

보림출판사는 어린이 책을 출판하는 곳으로 출판도시 중앙에 위치하고 있습니다. 건축주는 업무 공간과 함께 인형극을 하는 극장을 갖고 싶어 했습니다. 그래서 두 가지 입면을 구상했습니다. 하나는 사무동을 감싸며 창호 바깥쪽에 빛을 걸러 주는 스크린 역할을 하는 펀칭 메탈 부분입니다. 타공된 알루미늄 판을 보면 한 판에서도 타공률이 조금씩 달라요. 타공이 더 많이 된 부분과 덜 된 부분들이 있는데 그 이유는 서 있거나 앉아 있는 사람의 시야에 관계가 있습니다. 안에서 볼 때는 밖에서 보이는 모습보다 빛의 투과 정도가 커요. 46퍼센트의 타공률이었는데 밖에서는 내부가 잘 보이지 않지만 안에서는 밖이 훤히 보이기 때문에 타공 스크린이 있는지조차 의식하지 못할 때가 있습니다. 사용한 금속판은 2밀리미터 두께에 타공 크기도 2밀리미터예요. 멀리서 보면 타공된 것이 아닌 망으로 보입니다. 3밀리미터 크기면 감지되는 느낌이 또 달라져요. 그리고 패널들은 열리기도 합니다.

또 다른 입면은 인형극이 모티브가 되어 탄생했습니다. 인형을 조정하는 실의 움직임들을 보고 사진작가 지온 밀리Gjon Mili의 이미지를 떠올렸습니다. 이 사진작가는 사물체의 동작에 큰 관심을 가집니다. 시간대 별로 겹쳐진 그 이미지를 어떻게 건축적으로 표현할까 하는 고민 끝에 유리 스크린을 입면으로 끌고 들어오죠.

커튼 월 전문 업체가 설계 과정에서부터 참여하여 이 입면 디자인에 대해 상의했습니다. 앞으로는 건축에서 각각의 역할들이 좀 더 전문적으로 분산될 것입니다. 그렇다고 건축가의 역할이 축소되는 것은 아닙니다. 건축가는 무엇을 원하는지 더욱 분명히 알아야 합니다.

이 전문 업체와 논의한 후 한길 북하우스에서처럼 90센티미터마다 그린
단면도가 필요 없다고 판단을 했습니다. 이때만 해도 디지털 도구가
많이 보편화되었고 디지털 표현이 현장에 그대로 전달된다는 확인을
받았기 때문입니다. 또한 유리 스크린을 잡기 위한 안쪽의 구조도
중요했습니다. 약 2~3센티미터 정도의 오차는 현장에서 잡을 수 있도록
설계했습니다. 디자인 과정에서 전문 업체와 최종 합의를 본 디테일을
포함하여 도면을 그렸습니다. 스크린을 잡기 위한 구조를 지닌 부재는
마치 관절 같은 느낌이었는데 종으로 놓이는 부재와 횡으로 놓이는
부재 중 횡으로 놓이는 것이 더 많았습니다. 도면에 매 부재마다 번호가
매겨졌고, 어떻게 잘려야 하고 어느 정도의 크기가 되어야 하는지 각각
표시되어 있습니다. 설계 시부터 정확한 데이터를 가지고 디지털 작동의
기계로 부재를 재단하려고 했습니다. 이를 전제로 디자인을 했는데
비용이 상당히 많이 들어서 실시공이 진행될 때는 시공하시는 분들이
현장에서 직접 잘랐습니다. 그래서 부재 사이의 오차가 예상 범위를
넘어섰습니다. 결과적으로 유리 스크린을 못 끼우게 된 거예요. 유리는
2차원인 면에 끼울 수 있는데 부재들이 프레임이 되어 만들어 낸 면은

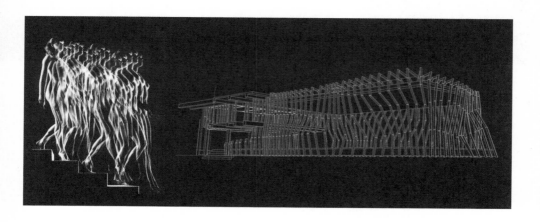

2차원이 아니게 되었습니다. 결국 휘어짐이 용이한 플라스틱 계열의 플렉시글라스plexiglass를 사용했습니다. 설계는 최첨단의 도구를 사용하여 진행된다고 해도 현장에서 마주치게 되는 비용이나 숙련도의 문제는 종종 이런 상황을 만들어 냅니다.

종종 사람들이 제게 질문을 던집니다. 〈이제까지 했던 작품 중 마음에 드는 작품은 몇 퍼센트 정도 만족을 하나요?〉, 〈일반적으로 60퍼센트가 넘으면 합격인데, 60퍼센트 넘는 게 몇 개나 됩니까?〉 사실 제 마음속에 60퍼센트 이상이 되는 것은 하나도 없습니다. 그나마 60퍼센트에 가까웠던 건 〈토네이도 하우스〉 하나인데 완성도 면에서가 아닙니다. 첫 작품이라서 큰 애착을 갖고 매 순간 현장에 가 있었기 때문입니다. 나머지 작품 중에서 만족도가 50퍼센트까지 가는 것은 거의 없어요. 잘 안 된 것만 눈에 들어오고 또 기억에 새겨지는 본능 탓이기도 합니다. 최소한 초기 의도의 중요한 부분이 잘 지켜져 완성된다면 다행이지만 현실적 상황이 갖는 한계 때문이라는 구실로 건축적 의지와는 상관없이 몸체만 덩그러니 남으면 몸 둘 바를 모르게 됩니다.

건축가는 끊임없이 자신을 발전시켜야 하나 그 발전이 다 보상을 받지는 못하는 다소 허구적인 직업입니다. 다른 사람의 돈으로 실험적인 시도들을 하면서 유일한 창의적 전문직이라고 스스로를 위로하는 동시에 실험적인 시도들에 대한 질책도 감수하며 모든 매커니즘을 이해하고 신중하게 일하는 자세가 필요해요. 방어적으로 일해야 한다는 의미는 아닙니다. 많은 비용과 시간을 투자한 건축주의 목적과 또 설계자로서의 제 역할에 충실한다는 의미에서의 조심성입니다. 오히려 더 주도적으로 일해야 양 끝을 맞출 수 있습니다.

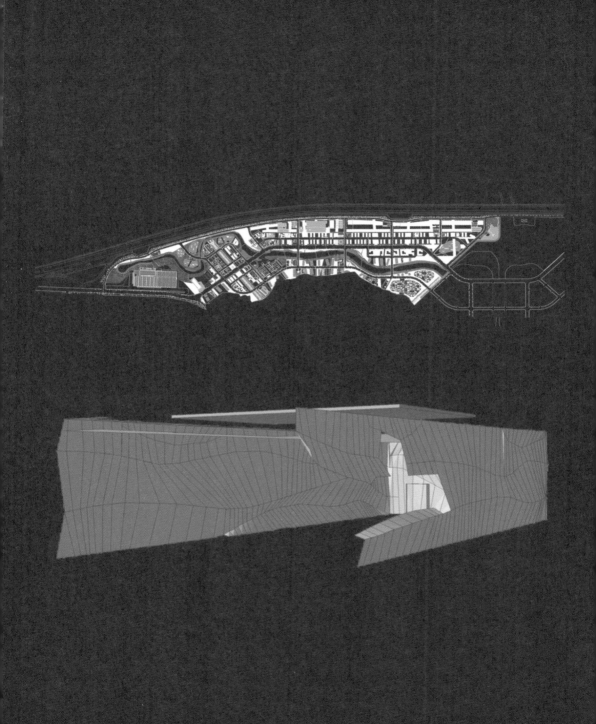

D 제약

김준성

대한민국 서울, 업무 시설, 2010

이 프로젝트는 완성된 지 꽤 된 것으로, 반성하는 의미에서
소개하겠습니다. 이 작업을 진행할 때 다소 방어적인 자세로 일을
했습니다. 한 번도 공개적으로 발표한 적이 없는데 제 스스로 인정하고
싶지 않아서였겠죠. 원래 있던 기존 건물의 상부에 두 개 층을 더
얹으며 리노베이트하는 것이었습니다. 뭐가 이유였는지 모르겠지만
재료를 선정하고 구축 과정을 상의하고 디테일을 잡는 데 있어서 제
자신이 주도적이거나 적극적이지 않았어요. 단계 단계 마주하는 선택의
순간에서는 안전하고 보편적인 안을 채택했던 것 같아요. 그리고 그에
맞는 당연한 결과를 얻었습니다. 디자인한 본인도 숨기고 싶고 또 누구도
시공했다고 자랑스럽게 나서지 못하는 프로젝트라서 안타깝기만 합니다.
불행 중 다행으로 쓰시는 분들과 건축주는 만족스러우신 모양이에요.
하지만 이런 상황이 다시 일어나선 안 된다고 생각합니다.

그리기와 만들기

기존 건물의 외피를 모두 털어 낸 다음 입면의 주 재료로 선택한 유글라스를 설치하는 과정에서 후회가 되는 것이 있어요. 유글라스 부재 하나의 길이가 6미터까지 나오지만 일반적으로 한 층이 3.3미터여서, 6미터의 패널을 층마다 끊을 수밖에 없었던 상황이었습니다. 6미터를 온전히 사용해야 그 진가가 느껴지는 재료인데 층 높이에 맞춰 끊어서 썼으니 재료의 선정부터 잘못된 것입니다. 유글라스가 끊어 이어지는 수평과 수직의 재료가 분리되는 디테일도 깊게 고민하여 현장에서 시험 설치 후에 결정했어야 했는데 그러지 못했어요. 기술적인 면에서보다 건축하는 우리의 자세에서 더 큰 문제를 발견한 경험이었습니다. 큰 교훈을 얻었습니다.

삼성동 N 호텔

김준성, 이우

대한민국 서울, 숙박 시설, 2015

이 호텔의 입면은 보이는 각도에 따라 색이 변하는 알루미늄 패널입니다.
입면 자체가 3차원으로 접혀서 여러 각도로 이루어진 조각 같죠.
시공이 어려워 보이지만 정확한 시공 완성도를 이루기 위한 여러 준비
작업이 있으면 어렵지만은 않습니다. 우리는 사용할 수 있는 기술들 중
여러 사례를 응용하여 원하는 바를 정확하게 전달하고자 노력합니다.
기술이라는 것은 현재 건축에서 적용되는 것을 넘어 산업체 전반에서
사용 가능한 것을 의미해요. 적극적인 자세라면 가용 재료와 구축 방법의
선택은 크게 넓어집니다.

　　　이 입면의 구성 방법은 이전의 다른 프로젝트에서 먼저 시도했던
것이에요. 마포에 호텔을 짓는 초청 공모였는데, 이 아이디어를
발표했더니 초청사 대표가 벌떡 일어나서 박수를 치며 〈야, 작품이다〉
하시더라고요. 내일이면 전화가 오겠다 했는데 안 왔어요. 작품은
작품이고 현실은 현실입니다. 이 아이디어는 잠시 유보되었다가 그다음
해 초 이 호텔 프로젝트에 채택됩니다. 실현되지 못한 계획들은 그대로
사장되는 것이 아니라 시간을 먹고 자라기도 해요. 계속 발전하고
변이되며 다른 상황에 응용되어 갈 수 있는 것이죠.

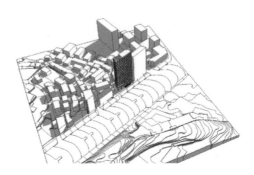

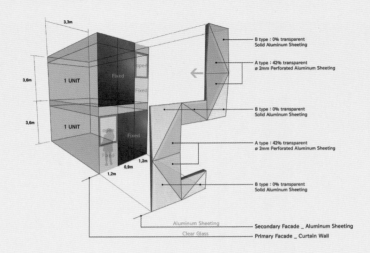

3,3m

3,6m

3,6m

1 UNIT

1 UNIT

Fixed

Fixed

open

open

Fixed

1,2m

0,9m

1,2m

B type : 0% transparent
Solid Aluminum Sheeting

A type : 42% transparent
ø 2mm Perforated Aluminum Sheeting

B type : 0% transparent
Solid Aluminum Sheeting

A type : 42% transparent
ø 2mm Perforated Aluminum Sheeting

B type : 0% transparent
Solid Aluminum Sheeting

Aluminum Sheeting — Secondary Facade _ Aluminum Sheeting
Clear Glass — Primary Facade _ Curtain Wall

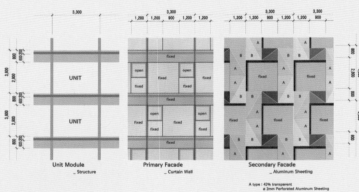

3,300

1,200 3,300 900 1,200 1,200

1,200 3,300 900 1,200 3,300 900

UNIT

UNIT

fixed

open   fixed   open   fixed
fixed   fixed

fixed

open   open
fixed   fixed   fixed
fixed

fixed

A type : 42% transparent
ø 2mm Perforated Aluminum Sheeting

B type : 0% transparent
Solid Aluminum Sheeting

Unit Module
_ Structure

Primary Facade
_ Curtain Wall

Secondary Facade
_ Aluminum Sheeting

FABRICATION

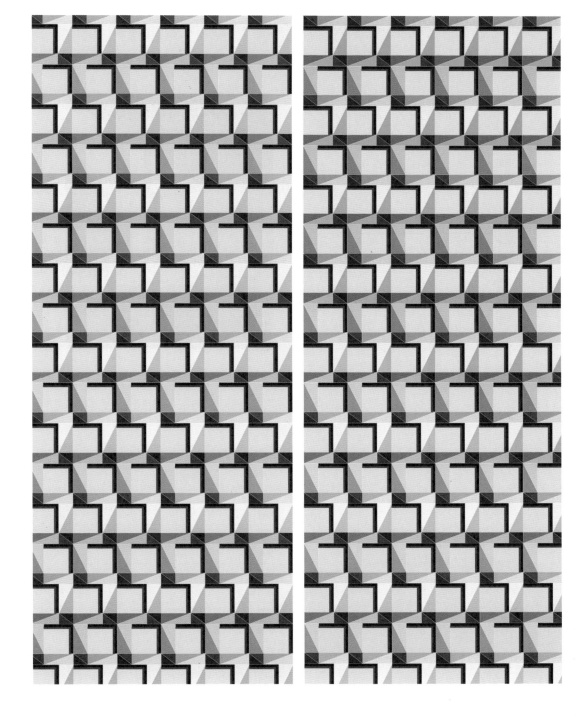

프로젝트 연표 1992-2017

1992   토네이도 하우스

협업	—
구분	신축
용도	단독 주택(다가구 주택)
규모	지하 2층, 지상 2층
위치	서울시 강남구 강남대로
현황	준공
준공 연도	1996

1992   비승대 성당

협업	—
구분	신축
용도	종교 시설
규모	지상 1층
연면적	320㎡
위치	경기도 이천시 대월면
현황	준공
준공 연도	1993

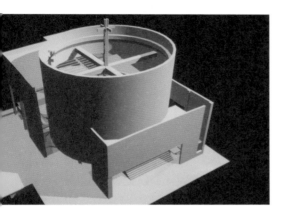

1992	**역촌동 성당**
협업	한올건축(인허가)
구분	신축
용도	종교 시설
규모	지하 2층, 지상 3층
연면적	4,700㎡
위치	서울특별시 은평구 역말로
현황	계획 종료
준공 연도	—

1992	**도쿄 병원**
협업	—
구분	신축
용도	의료 시설
규모	지상 4층
위치	일본 도쿄도
현황	준공
준공 연도	1993

1992	**이타쿠라 레지던스**

협업	—
구분	리모델링
용도	공동 주택
규모	—
위치	일본 오사카시
현황	준공
준공 연도	1993

1993	**경기대 본관 및 학생회관**

협업	—
구분	증축/리모델링
용도	교육 시설
규모	지상 6층(+1층)
위치	경기도 수원시 영통구 광교산로
현황	준공
준공 연도	1994

1993   **아사히 디드**

협업	—
구분	인테리어
용도	업무 시설
규모	—
위치	일본 오사카시
현황	준공
준공 연도	1994

1994   **궁동 성당**

협업	—
구분	신축
용도	종교 시설
규모	지하 1층, 지상 4층
연면적	2,300㎡
위치	대전광역시 유성구 궁동로
현황	준공
준공 연도	2000

1994   김포 신경정신과 병원

협업	—
구분	신축
용도	의료 시설
규모	지하 1층, 지상 2층
연면적	1,700㎡
위치	경기도 김포시 월곶면 김포대로
현황	준공
준공 연도	1995

1996   구속주회 양덕원 성당 및 교육관

협업	—
구분	신축
용도	종교 시설
규모	지상 2층
위치	강원도 홍천군 남면 망덕산로
현황	준공
준공 연도	1997

2000   아트레온

협업	범건축
구분	신축
용도	문화 및 집회 시설
규모	지하 4층, 지상 15층
연면적	12,000㎡
위치	서울특별시 서대문구 신촌로
현황	준공
준공 연도	2003

2001   주엽동 성당

협업	범건축
구분	인테리어
용도	종교 시설
규모	지하 1층, 지상 7층
위치	경기도 고양시 일산서구 주화로
현황	준공
준공 연도	2001

2002 헤이리 예술마을 건축 지침

협업	김종규
구분	건축 지침
용도	문화 및 집회 시설, 주택 등
규모	350필지
위치	경기도 파주시 탄현면 헤이리마을길
현황	완료
준공 연도	2003

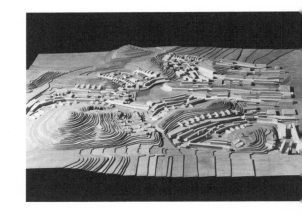

2002 헤이리 커뮤니티 센터

협업	김종규
구분	신축
용도	문화 집회
규모	지상 2층
연면적	600㎡
위치	경기도 파주시 탄현면 헤이리마을길
현황	준공
준공 연도	2003

2002   **헤이리 영화 촬영소**

협업	토머스 한
구분	신축
용도	방송 통신
규모	지하 1층, 지상 3층
연면적	8,500㎡
위치	경기도 파주시 탄현면 헤이리마을길
현황	준공
준공 연도	2003

2002   **한길 북하우스**

협업	숍 아키텍츠
구분	신축
용도	근린 생활 시설
규모	지하 1층, 지상 3층
연면적	1,700㎡
위치	경기도 파주시 탄현면 헤이리마을길
현황	준공
준공 연도	2004

2002	**SK텔레콤 서대전 교환국사**

협업	서혜림
구분	설계 경기, 증축
용도	방송 통신 시설(전신전화국)
규모	지하 1층, 지상 5층
연면적	9,930㎡
위치	대전광역시 서구 문정로 37
현황	설계 경기 종료
준공 연도	—

2003	**열린책들(전 사옥)**

협업	서혜림
구분	신축
용도	공장(출판사)
규모	지하 1층, 지상 4층
연면적	2,150㎡
위치	경기도 파주시 문발로
현황	준공
준공 연도	2005

2003 **보림출판사**

협업	서혜림
구분	신축
용도	공장(출판사)
규모	지하 1층, 지상 4층
연면적	2,880㎡
위치	경기도 파주시 광인사길
현황	준공
준공 연도	2004

2004 **서울 북 인스티튜트(SBI)**

협업	—
구분	신축
용도	근린 생활 시설
규모	지상 1층, 지상 4층
연면적	550㎡
위치	서울특별시 마포구 동교로
현황	준공
준공 연도	2004

2004   LA 단독 주택

협업	—
구분	신축
용도	단독 주택
규모	지상 1층, 지상 2층
연면적	240㎡
위치	미국 LA
현황	계획 종료
준공 연도	—

2005   안양 파빌리온

협업	알바루 시자, 카를루스 카스타녜이라
구분	신축
용도	전시 시설
규모	지상 2층
연면적	780㎡
위치	경기도 안양시 만안구 예술공원로
현황	준공
준공 연도	2005

2005	**책박물관(한길 북하우스 증축)**

협업	—
구분	증축
용도	근린 생활 시설
규모	지하 1층, 지상 2층
연면적	880㎡
위치	경기도 파주시 탄현면 헤이리마을길
현황	준공
준공 연도	2007

2005	**양지 발트 하우스**

협업	—
구분	신축(11동)
용도	단독 주택 단지
규모	지상 3층
연면적	2660㎡
위치	경기도 용인시 처인구 양지면 평창로
현황	계획 종료
준공 연도	—

2005	중화 만두 전문 회사 홍보관
협업	—
구분	신축
용도	근린 생활 시설
규모	지하 2층, 지상 2층
연면적	880㎡
위치	경기도 파주시 탄현면 헤이리마을길
현황	계획 종료
준공 연도	—

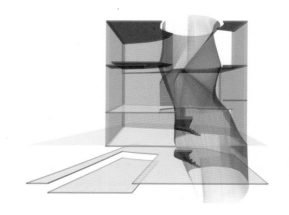

2006	미메시스 아트 뮤지엄
협업	알바루 시자, 카를루스 카스타네이라
구분	신축
용도	공장(미술관)
규모	지하 1층, 지상 3층
연면적	3,670㎡
위치	경기도 파주시 문발로
현황	준공
준공 연도	2009

2006	미메시스 아트 하우스

협업	—
구분	신축
용도	공동 주택(다세대 주택)
규모	지하 1층, 지상 3층
연면적	1,570㎡
위치	서울특별시 종로구 평창11길
현황	준공
준공 연도	2009

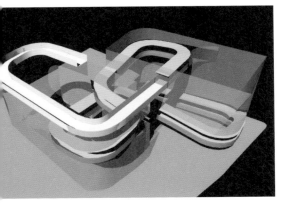

2006	할리데이비슨 센터

협업	—
구분	신축
용도	업무 시설, 문화 및 집회 시설(전시장)
규모	지하 1층, 지상 4층
연면적	2,500㎡
위치	경기도 용인시 기흥구 용구대로
현황	계획 종료
준공 연도	—

2007 **동탄 652 타운 하우스 인앤인**

협업	자드건설
구분	신축
용도	단독 주택 단지(25동)
규모	지하 1층, 지상 3층
연면적	7,200㎡
위치	경기도 화성시 통탄면 통탄신도시
현황	준공
준공 연도	2010

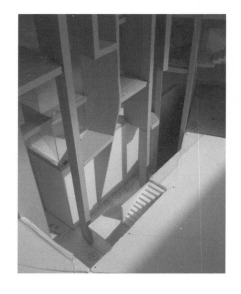

2007 **H 출판사 홍보관**

협업	—
구분	신축
용도	근린 생활 시설, 주택
규모	지하 3층, 지상 3층
연면적	1,650㎡
위치	경기도 파주시 탄현면 헤이리마을길
현황	계획 종료
준공 연도	—

2007 H 출판사 게스트 하우스

협업	—
구분	신축
용도	단독 주택
규모	지하 2층, 지상 2층
연면적	510㎡
위치	경기도 파주시 탄현면 헤이리마을길
현황	계획 종료
준공 연도	—

2008 울산대학교 건축대학

협업	범건축
구분	설계 경기, 신축
용도	교육 연구 시설
규모	지하 1층, 지상 3층
연면적	7,250㎡
위치	울산광역시 남구 대학로
현황	설계 경기 종료(2등)
준공 연도	—

2007   태권도공원

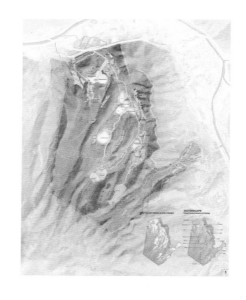

협업	—
구분	설계 경기, 마스터플랜
용도	체육 시설
규모	—
연면적	167,000㎡
위치	전라북도 무주군 설천면 재궁길
현황	설계 경기 종료
준공 연도	—

2009   죽전1동 하늘의 문 성당

협업	—
구분	신축
용도	종교 시설
규모	지하 2층, 지상 4층
연면적	4,890㎡
위치	경기도 용인시 수지구 대지로
현황	준공, 경기도 건축문화상 대상
준공 연도	2013

2009 YTN 미디어 센터

협업	—
구분	설계 경기, 신축
용도	업무 시설
규모	지하 5층, 지상 19층
연면적	59,590㎡
위치	서울특별시 마포구 상암산로
현황	설계 경기 종료
준공 연도	—

2010 D 제약

협업	—
구분	리모델링, 증축
용도	업무 시설
규모	지하 2층, 지상 10층
연면적	5,700㎡
위치	서울특별시 성동구 천호대로
현황	준공
준공 연도	2011

2010	**국립현대미술관 서울관**

협업	피터 페레토, 박희령
구분	설계 경기, 신축
용도	문화 및 집회 시설
규모	지하 2층, 지상 3층
연면적	47,570㎡
위치	서울특별시 종로구 삼청동 삼청로
현황	설계 경기 종료(우수작)
준공 연도	—

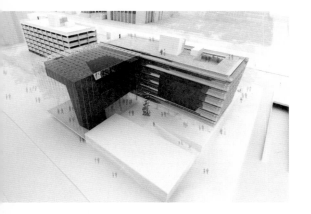

2010	**대한민국 역사박물관**

협업	피터 페레토, 박희령
구분	설계 경기, 신축
용도	문화 및 집회 시설
규모	지상 8층
연면적	9,870㎡
위치	서울시 종로구 세종로
현황	설계 경기 종료
준공 연도	—

2010

2010   상암 DMC 외국인학교

협업	시명건축
구분	설계 경기, 신축
용도	교육 연구 시설
규모	지하 1층, 지상 5층
연면적	17,200㎡
위치	서울특별시 마포구 월드컵북로62길
현황	설계 경기 종료(우수작)
준공 연도	—

ign School In Urban

2010   대구 대교구 100주년 기념 성당

협업	—
구분	설계 경기, 신축
용도	종교 시설
규모	지하 2층, 지상 3층
연면적	25,100㎡
위치	대구광역시 수성구 범어천로
현황	설계 경기 종료(2등, 당선작 없음)
준공 연도	—

2011	**휴머니스트**

협업	—
구분	신축
용도	근린 생활 시설, 문화 집회 시설
규모	지하 2층, 지상 4층
연면적	910㎡
위치	서울특별시 마포구 동교로23길
현황	준공, 2013 건축가협회상
준공 연도	2012

2011	**개포동 도시형 생활 주택**

협업	—
구분	신축
용도	공동 주택
규모	지하 1층, 지상 5층
연면적	940㎡
위치	서울특별시 강남구 개포로22길
현황	준공
준공 연도	2014

2012   **열린책들**

협업	—
구분	증축(별동)
용도	공장(출판사)
규모	지하 4층
연면적	780㎡
위치	경기도 파주시 문발로
현황	준공
준공 연도	2013

2012   **한국영상자료원**

협업	—
구분	설계 경기, 신축
용도	문화 및 집회 시설
규모	지하 1층, 지상 4층
연면적	8,900㎡
위치	경기도 파주시 문발로
현황	설계 경기 종료
준공 연도	—

2013 **웬즈데이**

협업	—
구분	신축
용도	공장(출판사)
규모	지하 3층
연면적	650㎡
위치	경기도 파주시 문발로
현황	준공
준공 연도	2015

2013 **힐리언스 치유의 숲**

협업	—
구분	설계 경기, 신축
용도	숙박 시설, 문화 및 집회 시설, 교육 연구 시설
규모	지하 1층, 지상 2층
연면적	3,950㎡
위치	강원도 홍천군 서면 종자산길
현황	준공
준공 연도	2016

2013	양지 온누리교회 하용조 목사 기념관
협업	아론 탄
구분	신축
용도	종교 시설
규모	지하 1층, 지상 1층
연면적	900㎡
위치	경기도 용인시 처인구 양지면 추계로62번길
현황	준공
준공 연도	2015

2013	계원대학교 창업 및 산학 협력관
협업	—
구분	설계 경기, 신축
용도	교육 연구 시설
규모	지하 1층, 지상 7층
연면적	9,800㎡
위치	경기도 의왕시 계원대학로
현황	당선, 2015년 계약 변경
준공 연도	2017

2014	**엑시옴 물류 센터**

협업	—
구분	신축
용도	공장
규모	지상 1층
연면적	4,700㎡
위치	충북혁신도시(충청북도 음성군 맹동면 태정로)
현황	준공
준공 연도	2016

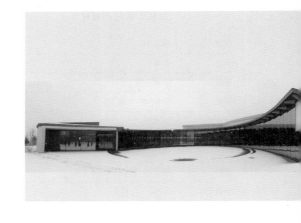

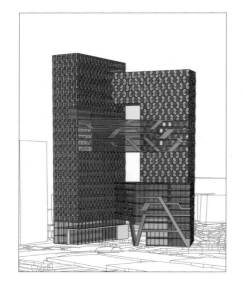

2014	**마포 PN 복합 타워**

협업	—
구분	설계 경기, 신축
용도	숙박 시설
규모	지하 6층, 지상 29층
연면적	4,500㎡
위치	서울특별시 마포구 마포대로
현황	설계 경기 종료
준공 연도	—

2015 미메시스

협업	이우
구분	신축
용도	공장(출판사, 창고)
규모	지하 1층, 지상 3층
연면적	3,000㎡
위치	경기도 파주시 문발로
현황	준공
준공 연도	2015

2015 삼성동 N 호텔

협업	이우
구분	설계 경기, 신축
용도	숙박 시설
규모	지하 1층, 지상 19층
연면적	8,100㎡
위치	서울특별시 강남구 영동대로
현황	당선, 2016년 계약 변경, 공사 중
준공 연도	—

2015	대한 복싱 전용 훈련장
협업	—
구분	설계 경기, 신축
용도	운동 시설
규모	지하 1층, 지상 2층
연면적	4,500㎡
위치	경상북도 영주시 대학로153번길
현황	당선, 공사 중
준공 연도	—

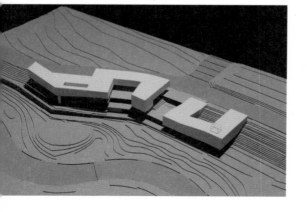

2016	화성 동탄2 신도시 커뮤니티 3
협업	이우
구분	설계 경기, 신축
용도	업무 시설/공공 업무 시설
규모	지하 2층, 지상 3층
연면적	11,300㎡
위치	경기도 화성시 동탄2신도시
현황	설계 경기 종료
준공 연도	—

2016	공항고등학교

협업	이소우
구분	설계 경기, 신축
용도	교육 연구 시설/학교
규모	지하 1층, 지상 5층
연면적	13,500㎡
위치	서울특별시 강서구 방화대로
현황	설계 경기 종료(4등)
준공 연도	—

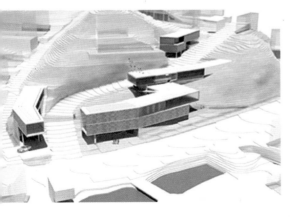

2016	평창동 미술문화복합공간

협업	이우
구분	설계 경기, 신축
용도	문화 및 집회 시설
규모	지하 1층, 지상 4층
연면적	5,200㎡
위치	서울특별시 종로구 평창문화로
현황	설계 경기 종료(4등)
준공 연도	—

맺음말

길었던 대학 공부를 뉴욕에서 마치고 실무를 시작한 지 5년째에
접어들었을 때 내 몸에 맞는 혹은 내가 잘할 수 있는 그런 건축의 향기를
맡고 싶었다. 대학원으로 진학을 결심했고, 그때부터 나의 개인적 건축
여정이 시작되었다. 그리고 20여 년이 지난 지금 문득 더 새로운 것에
끝없이 집착해 왔던 모습이 떠올라 크게 공허해졌다. 새로운 것은 결코
존재하지 않는다는 것을 깨닫기까지 그리 긴 시간이 필요했던 걸까?
나의 고유성에 대한 질문에서 출발하였지만 싱싱하게 보이는
새 열매만을 성급하게 따려 노력했던 거칠어진 손을 내려다보며 숨을
고르고 있는 자신을 본다.

　　언젠가부터 건축을 잘하기 위한 조건을 묻는 학생들에게
〈즐기세요, 즐겨야 오래할 수 있어요〉로 답하기 시작했다. 오래는
해왔던 터, 숨 고르는 자신에게 물어본다. 지금껏 즐겁게 했는지? 무엇이
즐거웠는지? 혹 혼자만 즐거워했는지? 연륜에 비해 많이 미숙한 것은
아닌지? 설명할 수 없는 그 무엇이 가장 좋은 작품이라고 했던 동년배
동료들의 말에 고개를 끄덕인다. 결국 소통은 의사 전달이 아니라 서로
깨달아 가는 계기를 나누는 것이라 생각한다. 잊고 있던 그 무엇을 되찾아
줄 때 동감은 환희에 다다른다.

　　건축을 배우며 눈이 뜨였던 순간들은 대부분 30대 때였다.
그 이후 여태껏 또 다른 혜안의 기회가 찾아오진 않았다. 이제 눈이 아닌
가슴을 서늘하게 해줄 순간들을 맞고자 일상 속에서 차분히 준비하려
한다. 길다면 긴 여정에서 나를 이끌어 준 그리고 곁에서 같이 작업해 준
모든 분들께 진심으로 감사를 드린다. 특히 20여 년 모든 것을 감내해
주었던 박영일 소장께 진솔한 마음을 전하고 싶다.

　　　　2018년 4월
　　　　김준성

김준성의 건축 강의 **개념에서 건축으로**

지은이 김준성 **발행인** 홍지웅·홍유진 **발행처** 미메시스
주소 경기도 파주시 문발로 253 파주출판도시
대표전화 031-955-4000 **팩스** 031-955-4004
홈페이지 www.openbooks.co.kr **email** webmaster@openbooks.co.kr
Copyright (C) 김준성, 2018, Printed in Korea.
ISBN 979-11-5535-124-6 03610
발행일 2018년 5월 1일 초판 1쇄 2020년 10월 10일 초판 2쇄

이 도서의 국립중앙도서관 출판예정도서목록(CIP)은 서지정보유통지원시스템 홈페이지
(http://seoji.nl.go.kr)와 국가자료공동목록시스템(http://www.nl.go.kr/kolisnet)에서
이용하실 수 있습니다.(CIP제어번호: CIP2018012052)

이 책은 실로 꿰매어 제본하는 정통적인 사철 방식으로 만들어졌습니다.
사철 방식으로 제본된 책은 오랫동안 보관해도 손상되지 않습니다.